Biblioteca Bollati Boringhieri

III

CARL GUSTAV JUNG

SU FREUD

1917-1943

BOLLATI BORINGHIERI

Prima edizione 1979
Ristampa gennaio 2011

Titoli originali
Der Gegensatz Freud und Jung
Sigmund Freud als kulturhistorische Erscheinung
Sigmund Freud
Über die Psychologie des Unbewussten

Traduzioni di Guido Bistolfi, Silvano Daniele, Lucia Personeni e Paolo Santarcangeli

Torino, corso Vittorio Emanuele II, 86
Gruppo editoriale Mauri Spagnol

ISBN 978-88-339-0239-5

www.bollatiboringhieri.it

Stampato in Italia dalla LegoPrint S.p.A. di Lavis (Tn)

Indice

Prefazione

"Riguardando indietro posso dire che sono stato il solo che abbia proseguito in modo logico l'indagine sui due problemi che più interessavano Freud: il problema dei 'resti arcaici' e quello della sessualità. È un errore assai diffuso ritenere che io non veda il valore della sessualità. Al contrario, essa ha gran parte nella mia psicologia, come un'espressione essenziale – sebbene non la sola – dell'intera psiche. Ma il mio obiettivo principale è stato di investigarne – al di là del suo significato personale e della sua funzione biologica – l'aspetto spirituale e il significato numinoso, e così di chiarire ciò che affascinava tanto Freud, senza che egli sapesse coglierne il valore. I miei pensieri su questo argomento sono contenuti nei miei lavori Die Psychologie der Übertragung e Mysterium Coniunctionis. La sessualità è della massima importanza come espressione dello spirito ctonio, poiché questo è l''altra faccia di Dio', il lato oscuro dell'immagine divina. Il problema dello spirito ctonio mi ha occupato fin da quando venni a contatto con il mondo dell'alchimia. Fondamentalmente, questo interesse fu risvegliato in me da quel primo colloquio con Freud, quando avvertii come egli fosse profondamente posseduto dal fenomeno della sessualità, pur senza sapermelo spiegare."[1]

[1] Ricordi, sogni, riflessioni di C. G. Jung, a cura di Aniela Jaffé, trad. it. (Rizzoli, Milano 1978) pp. 210 sg.

Così Jung nel capitolo della sua autobiografia dedicato a Sigmund Freud espone il suo rapporto con lui, chiarendo la sua radicale diversità, maturata, dopo un'intensa amicizia e un fervido scambio culturale, già alla fine del primo decennio del Novecento e fattasi esplicita e definitiva con la pubblicazione dei Simboli della trasformazione (1912/1952). Nonostante ciò, tuttavia, Jung non ha mai inteso sottovalutare l'importanza di Freud quale fondatore della psicologia del profondo. La consapevolezza d'un ingente debito culturale e il rispetto per la personalità di Freud hanno sempre animato gli interventi di Jung intorno alle idee del suo predecessore, i più rilevanti dei quali vengono presentati al lettore in questa edizione.

Nel primo scritto del presente volumetto, Il contrasto tra Freud e Jung, pubblicato nella "Kölnische Zeitung" del 7 maggio 1929 col titolo Der Gegensatz Freud und Jung, edito poi in Seelenprobleme der Gegenwart (Zurigo 1931), Jung inizia conferendo grande rilievo al rapporto tra il mondo culturale del singolo ricercatore e lo spirito del tempo. "Le idee – egli scrive – provengono da un qualcosa che è più grande della persona singola. Non siamo noi a produrre idee, sono piuttosto le idee che formano noi." Con tale certezza, che riconosce come ineliminabile l'intreccio tra soggettività ed extrasoggettività, egli intende cogliere nelle formulazioni di Freud – così come nelle sue – una dimensione sovrapersonale, collettiva, essenziale nella storia del pensiero. Al di là di tale premessa, sembra a Jung necessario mettere in evidenza il merito personale di Freud, che ha creato con scrupolo e rigore un campo nuovo nella medicina neurologica e psichiatrica dell'Ottocento e del Novecento. Le formulazioni freudiane possono però essere accettate come valide e feconde solo nell'ambito della tipologia psichica dello stesso ricercatore e di quanti esseri umani in lui si riconoscono. Esse risultano infatti criticabili per l'eccessiva dipendenza nei confronti della psicopatologia e, inoltre, contengono presupposti che, pur riferendosi al mondo della psiche inconscia, non sono stati sottoposti ad adeguata critica da parte dello stesso Freud. La ragione di tale carenza che – precisa Jung – non compromette l'onestà culturale dell'uomo, risiede da un lato nell''ingenuità' da neofita con cui Freud ha strutturato il suo pensiero, sottovalutando soprattutto l'apporto della filosofia, dall'altro nell'incapacità soggettiva di mettere in questione la matrice inconscia dei suoi postulati teorici. La psicoanalisi concede uno spazio troppo esiguo alla realtà dello spirito, mentre privilegia le pulsioni (che sottendono anche alla visione adleriana della psiche, quasi contemporanea). "Io non dubito – afferma Jung – che le pulsioni naturali – si tratti dell'Eros o della volontà di potenza – si dispieghino potenti nella sfera psichica, ma non dubito nemmeno che queste pulsioni si scontrino con lo 'spirito', giacché si scontrano sempre con qualcosa: e perché mai questo qualcosa non dovrebbe essere chiamato 'spirito'? Io so ben poco che cosa sia lo spirito in sé e per sé, ma so altrettanto poco che cosa siano gli 'istinti'... Istinti e spirito sono comunque al di là della mia capacità di comprendere, sono concetti che poniamo in luogo di qualcosa di sconosciuto ma potentemente attivo" (vedi p. 21).

Con queste parole chiare ed efficaci Jung esprime la propria visione della psiche e, esplicitamente, in nome di essa critica Freud, che soprattutto nel saggio L'avvenire di un'illusione (1927) aveva affrontato in modo illuministico la realtà spirituale. Jung per contro insiste sul valore inerente all'esperienza religiosa, modello di autoconoscenza, e tramite verso il mondo sacro, affine al numinoso simbolismo dei sogni. Con ciò egli si presenta come antitesi dialettica vivente di Freud, del quale vaglia le principali nozioni. Il complesso del padre, che tanto rilievo ha nella dottrina freudiana, viene giudicato da Jung, per la "sua rigidità fanatica... una funzione religiosa malintesa, un misticismo che si è impadronito dell'elemento biologico e familiare" (p. 25). Allo stesso modo, osserva Jung, il concetto di Super-io sarebbe interpretabile come un timido tentativo di Freud per "introdurre surrettiziamente nella teoria psicologica la sua vecchia immagine di Yahwèh" (ibid.).

Il secondo breve scritto, Sigmund Freud come fenomeno storico-culturale, fu pubblicato contemporaneamente nel settembre 1932 nell'edizione inglese e tedesca del medesimo periodico stampato a Durham (Carolina del Nord) e a Berlino,[2] e incluso due anni dopo nell'antologia Wirklichkeit der Seele (Zurigo 1934) col titolo Sigmund Freud als kulturhistorische Erscheinung. L'articolo è caratterizzato da un taglio decisamente storico, riscontrabile invero nelle migliori opere di Jung (si pensi ad esempio ai Tipi psicologici, del 1921), ma presente qui in una sintesi particolarmente riuscita tra l'indagine storico-culturale e l'esame specificamente psicologico. Jung vede in Freud l'esponente dell'epoca vittoriana, che ha saputo ribaltare il formalismo e il gretto moralismo del secolo, vincendo con la forza del pensiero la rimozione che occultava le radici reali della vita psichica, ma anche l'illuminista imbrigliato in un riduttivistico materialismo, che ha ceduto alla tentazione di ricondurre al determinismo l'infinita dinamica della psiche inconscia. Freud è figlio dello stesso secolo di Nietzsche e Joyce, rispetto ai quali, però, mostra minore creatività e dialetticità. La prospettiva eminentemente sessualistica, l'ipervalutazione della vita infantile, la chiusura cioè entro scoperte in sé basilari, hanno così posto in ombra i fattori etici dell'esistenza individuale e collettiva e hanno configurato una morale non meno

[2] "Character and Personality: An International Quarterly of Psychodiagnostics and Allied Studies" (vol. 1, N. 1); "Character: eine Vierteljahresschrift für psychodiagnostische Studien und verwandte Gebiete" (vol. 1, N. 1). Jung vi collaborò con Alfred Adler, Manfred Bleuler, Lucien Lévy-Bruhl e altri.

dogmatica della precedente. Di Freud, comunque, Jung ammira la capacità di rottura e di demistificazione ("Egli è un grande distruttore, che spezza i vincoli del passato. Egli ci libera dalla morbosa oppressione di un vecchio mondo abituale e infracidito." Vedi p. 30), ma respinge insieme lo spirito della visione generale e, tra le nozioni fondanti, il concetto di sublimazione, usato da Freud fin dai primi anni del secolo e ripreso anche nel saggio L'Io e l'Es (1922) per indicare l'impiego dell'energia psichica, deviata dalle originarie mete sessuali per fini artistici e culturali. A tale riguardo Jung richiama la feconda accezione degli alchimisti, che vedevano nella sublimazione il rischioso sforzo di trasformare la materia, fine conseguibile solo con l'incondizionato impegno dell'uomo. Quando alla concezione dell'incesto, Jung coglie in essa, non meno che nella formulazione del complesso edipico, una riduzione all'atmosfera soffocante del "romanzo familiare", caricato di fosche tinte nevrotiche. L'esito di tale visione – afferma Jung – è evidente nell'interpretazione freudiana del dipinto di Leonardo da Vinci, Sant'Anna, la Vergine e il bambino.[3] In contrasto con Freud, che riconduceva la creazione dell'artista alle fantasie scaturite dalla sua condizione di figlio naturale, Jung vi individua un motivo mitologico, presente nelle fantasie di tutti gli uomini; e così supera la pessimistica tendenza di Freud a porre, in accordo col secolo, la "positività scientifica" nello scavo di motivi negativi e necessariamente patologici.

Il terzo scritto (vedilo a p. 37) fu composto in commemorazione di Freud e pubblicato il 1° ottobre 1939 nel "Sonntagsblatt der Basler Nachrichten" col titolo Sigmund Freud: Ein Nachruf [S. Freud: necrologio].

[3] Vedi Jung, *Il concetto d'inconscio collettivo* (1936), in Biblioteca Boringhieri, N. 102, e S. Freud, *Un ricordo d'infanzia di Leonardo da Vinci* (1910), ivi, N. 5.

Nell'articolo Jung evita la pur minima concessione all'apologia e traccia un profilo storico-critico dell'evoluzione della dottrina freudiana, inquadrandola nella storia della medicina psichiatrica e della psicologia della fine dell'Ottocento e del primo Novecento. In questa luce compara la personalità di Freud a quella del celebre neurologo francese Jean-Martin Charcot (1825-93), direttore della scuola della Salpêtrière, attivissimo studioso, che aveva curato le paralisi isteriche con il ricorso all'ipnosi e alla suggestione; a quella dei francesi Ambroise Liébeault (1823-1904) e Hippolyte Bernheim (1840-1919), internisti voltisi all'ipnosi e sostenitori d'un orientamento dinamico in psichiatria (di Bernheim, Freud aveva tradotto nel 1888 il saggio sulla suggestione); infine a quelle del francese Pierre Janet (1859-1947) e dell'austriaco Josef Breuer, collaboratore di Freud negli Studi sull'isteria (1893-95). Con scorci rapidi e densi Jung iscrive in questa cornice storico-culturale le principali acquisizioni di Freud, dalla teoria del trauma all'indagine sul sogno; e ripercorre le opere fondamentali di questi, dall'Interpretazione dei sogni (1899) a L'avvenire di un'illusione (1927), accogliendo le articolazioni precipuamente psicoanalitiche, criticando invece l'estensione di esse all'antropologia e alla psicologia sociale (in particolare Jung sottolinea la caducità del saggio freudiano Totem e tabù, del 1912-13). Il merito maggiore di tale analisi risiede tuttavia non tanto nella capacità di giudizio sulla persona e l'opera di Freud, quanto nell'acutezza con cui Jung ne evidenzia i presupposti culturali: da un lato l'intento illuministico teso a spiegare ogni fenomeno nella luce psicoanalitica, e a rendere nel futuro – secondo una velleitaria illusione – "impossibile" la nevrosi, d'altro lato il terribile pessimismo con cui Freud affronta ogni tema. L'intervento di Jung valica, in tal modo, i confini dell'argomento, per proporsi come esempio di analisi epistemologica.

Il quarto e ultimo scritto di questo volumetto è costituito dalla presentazione della teoria freudiana della psiche, che Jung formulò all'inizio del saggio sulla Psicologia dell'inconscio (Über die Psychologie des Unbewussten, Zurigo 1943),[4] saggio che costituisce la prima esposizione organica dei concetti fondamentali della psicologia analitica e delle sue relazioni con il pensiero di Freud e di Adler. Nell'impianto definitivo della Psicologia dell'inconscio Jung dedica a Freud i primi due capitoli; ma già il primo abbozzo dell'operetta, e cioè il breve scritto apparso nel "Rascher Jahrbuch" nel 1912 col titolo Vie nuove della psicologia, conteneva una breve presentazione del pensiero psicoanalitico, ricca di originali osservazioni. Nello stesso anno 1912, occorre inoltre ricordare, Jung aveva pubblicato la prima edizione dei Simboli della trasformazione (1912/1952), l'opera del distacco da Freud, in cui tra l'altro aveva concepito l'inconscio come sede di aspetti psichici non solo rimossi, ma anche mai affiorati alla coscienza (e perciò mai da essa respinti).

Nel primo dei due capitoli della Psicologia dell'inconscio, dedicati a Freud, "La psicoanalisi" (vedilo a p. 49), Jung espone con precisione la genesi del pensiero freudiano e il nascere del metodo catartico di Breuer nel trattamento dell'isteria. Il lettore vi troverà un'accurata descrizione del noto caso di Anna O.;[5] ma accanto a ciò Jung pone il riferimento a un caso di isteria osservato direttamente, citato anche nel Saggio di esposizione della teoria psicoanalitica (1913): l'improvviso choc vissuto da una giovane donna, sconvolta dal sopraggiungere d'una carrozza trainata da cavalli.

L'insorgere del trauma – mostra Jung con un'atten-

[4] La prima edizione era uscita, con titolo leggermente diverso, nel 1917. L'edizione definitiva è stata pubblicata in traduzione italiana, con introduzione di Mario Trevi, nell'Universale scientifica Boringhieri, N. 28.

[5] Pubblicato nel vol. 1 della Biblioteca Boringhieri.

ta ricostruzione anamnestica – era apparentemente incomprensibile. Dietro il trauma però era possibile rintracciare una lunga storia di difficoltà sul piano delle relazioni affettive. Di qui la conclusione: con lo scoppio della crisi la giovane donna era riuscita a farsi condurre in casa dell'uomo che amava (che, come lei sapeva, quella sera sarebbe rimasto solo in casa, poiché la moglie, turbata dal malcelato trasporto della donna verso il marito, era partita). Con ciò Jung accoglie l'assunto freudiano per il quale il conflitto erotico sarebbe alla base della nevrosi, ma prospetta già una concezione strettamente personale, nel privilegiare l'attualità del disagio psichico. "La nevrosi – scrive a questo proposito Jung – è legata strettamente al problema del tempo e rappresenta propriamente un tentativo fallito dell'individuo di risolvere in sé medesimo il problema generale" (vedi qui oltre, p. 63).

Nel secondo capitolo della Psicologia dell'inconscio, intitolato "La teoria dell'Eros", Jung unisce all'esposizione della teoria freudiana della nevrosi considerazioni personali di notevole importanza. Alcune di esse, come ad esempio la sua concezione dell'incesto quale dinamismo psichico non sessualistico ma eminentemente simbolico, erano già note – si pensi appunto ai Simboli della trasformazione (1912/1952), – altre venivano assumendo in quegli anni contorni precisi e definitivi: la convinzione della dimensione attuale della nevrosi, l'ipotesi, inoltre, che la rimozione, elevata da Freud a cardine della sua teoria, non dovesse essere intesa necessariamente come tentativo di abolire tendenze immorali. Ciò – osserva Jung – avrebbe dovuto indurre Freud e gli altri psicoanalisti a postulare l'impossibilità per gli immorali di essere nevrotici!

A tale obiezione s'intreccia la prima formulazione d'un aspetto centrale del periodo della maturità junghiana: il concetto di Ombra, con cui Jung avrebbe designato, prescindendo da ogni valutazione morale, una dimensione archetipica della personalità umana relegata nella psiche inconscia. Il principio dialettico dell'Ombra avrebbe in seguito consentito a Jung di strutturare un sistema descrittivo della psiche duttile, autenticamente dialettico ed esente da giudizi di valore; e di evidenziare, con ciò, come egli afferma in una parte aggiunta dopo la prima edizione di quest'opera, la bipolarità costitutiva della natura e della psiche umana, che Freud aveva pretermesso tentando poi, con un successivo ripensamento, di reintrodurla con l'ipotesi della pulsione di morte, antitetica a quella erotica (ma tale postulato, aggiunge Jung, era frutto della riflessione della giovane, intelligente studiosa Sabina Spielrein). Una concezione realmente dialettica della psiche, che integrasse la dimensione erotica con la sua antitesi, non poteva, a parere di Jung, essere ottenuta con una giustapposizione volta a configurare una partizione dualistica dell'energia psichica, ma solo riconoscendo nell'Eros, nel quadro d'una concezione monistica della libido, quella peculiarità spirituale che Freud s'era ostinato a negare.

ANTONIO VITOLO

IL CONTRASTO TRA FREUD E JUNG

1929

La differenza tra le concezioni di Freud e le mie è un argomento che dovrebbe affrontare piuttosto qualcuno che stia al di fuori, al di fuori intendo della cerchia d'idee che prendono il nome di "Freud" e "Jung". Non so se merito che mi si faccia credito dell'obiettività che dovrebbe rendermi capace di sollevarmi imparzialmente anche al di sopra delle mie stesse idee. È possibile una cosa del genere? Ne dubito. E se qualcuno riesce in apparenza a realizzare questa prodezza degna di un barone di Münchhausen, potrei scommettere che le sue idee in ultima analisi non erano le sue.

Tuttavia le idee che incontrano un grande seguito non appartengono nemmeno al loro cosiddetto creatore; se mai è egli stesso un seguace delle sue idee. Le idee che conquistano, le idee cosiddette vere, hanno in sé un che di particolare: sorgono da una regione atemporale, da un essere-sempre-esistite, da un terreno psichico primordiale su cui lo spirito effimero del singolo individuo cresce come una pianta che porta fiori, frutti e semi, appassisce e muore. Le idee provengono da un qualcosa che è più grande della persona singola. Non siamo noi a produrre idee, sono piuttosto le idee che formano noi.

Le idee sono da un lato una fatale confessione che porta spietatamente alla luce non solo ciò che abbiamo di meglio, ma anche, e fino all'ultima, le nostre insufficienze e le nostre miserie personali. E specialmente le idee sulla psicologia! Da dove mai possono provenire se non da ciò che abbiamo di più soggettivo? L'esperienza maturata sull'oggetto può proteggerci dai pregiudizi soggettivi? Ogni esperienza non è forse, anche nel migliore dei casi, almeno per metà interpretazione soggettiva? Ma d'altra parte anche il soggetto è un dato oggettivo, una frazione di mondo; e ciò che proviene dal soggetto proviene in definitiva dal substrato del mondo, proprio come anche l'essere più strano e più inverosimile esistente al mondo è ospitato e nutrito dalla terra comune a noi tutti. Così proprio le idee più soggettive sono le più vicine alla natura e all'essenza, e di conseguenza potrebbero anche essere definite le più vere. Ma "che cos'è la verità?"

Vorrei anzitutto rinunciare completamente, ai fini del nostro uso psicologico, all'idea che noi uomini d'oggi si sia in grado di dire qualcosa di "vero" o di "giusto" sulla natura della psiche. Il meglio che possiamo dare è una *espressione veritiera*. "Espressione veritiera" vuol dire testimonianza e descrizione esauriente di ciò che è stato trovato soggettivamente. C'è chi darà particolare importanza alla *forma* del reperto e si crederà perciò il creatore di ciò che ha trovato, e chi metterà in risalto l'*osservazione*, e quindi parlerà di *ciò che appare*, essendo consapevole della propria natura ricettiva. La verità sta certo nel mezzo: *espressione veritiera è forma di quanto è osservato*.

In questa ricezione e in questa azione è racchiuso tutto ciò di cui può vantarsi oggi anche lo psicologo più ambizioso ed esigente. La nostra psicologia è la testimonianza di alcuni singoli individui più o meno felicemente formulata; e poiché essi sono più o meno tipici, la loro testimonianza può anche venir accolta come descrizione sufficientemente valida di moltissimi altri. Poiché coloro che presentano un altro tipo appartengono anch'essi alla specie umana, si può concludere che anch'essi, per quanto in misura ridotta, sono interessati da questa testimonianza. Ciò che Freud ha da dire sul ruolo della sessualità, del piacere infantile e del suo conflitto con il "principio di realtà", sull'incesto e simili, è in primo luogo la più autentica espressione della sua psicologia personale. È un'espressione felicemente formulata di quanto da lui soggettivamente osservato. Io non sono un avversario di Freud, anche se la sua miopia e quella dei suoi discepoli mi vuole etichettare in tal senso. Nessuno psicologo dotato di esperienza può negare di aver visto almeno dozzine di casi la cui psicologia concorda in tutti gli aspetti essenziali con quella di Freud. Perciò Freud ha contribuito, proprio con la sua testimonianza più soggettiva, a portare alla luce una grande verità umana. All'adempimento di questo compito Freud, egli stesso esempio classico della sua psicologia, ha dedicato la sua vita e la sua opera.

Il nostro modo di vedere è condizionato dal nostro essere. E dal momento che altri hanno una diversa psicologia, vedono anche le cose diversamente ed esprimono cose diverse. Lo ha dimostrato anzitutto uno dei primi allievi di Freud, Alfred Adler: egli descrisse lo stesso materiale sperimentale da un punto di vista completamente diverso, e il suo modo di vedere è perlomeno altrettanto convincente di quello di Freud, proprio perché anche Adler rappresenta un tipo di psicologia che s'incontra spesso. So che i rappresentanti delle due scuole mi daranno torto, ma la storia e tutti coloro che pensano rettamente mi daranno ragione. Non posso evitare alle due scuole il rimprovero di spiegare l'uomo troppo esclusivamente dal punto di vista patologico e alla luce dei suoi difetti. Un esempio convincente di questo è l'incapacità di Freud di comprendere l'*esperienza religiosa*.[1]

Io miro invece a capire l'uomo in quanto sano, e a liberare anche il malato proprio da quella psicologia che Freud descrive in ogni pagina delle sue opere. Non riesco

[1] [S. Freud, *L'avvenire di un'illusione* (1927), trad. it. in Biblioteca Boringhieri, N. 4.]

a vedere dove Freud faccia un passo al di là della propria psicologia, e come liberi il malato da quella stessa sofferenza che ancora affligge il medico. La sua psicologia è la psicologia di uno stato nevrotico d'un determinato tipo, quindi una verità valida solo nell'ambito dello stato corrispondente. Entro questi limiti Freud è vero e valido, anche là dove dice una cosa non vera, perché anche questa fa parte del quadro complessivo e quindi è vera in quanto testimonianza. Ma non è una psicologia sana, e per giunta – e questo è un sintomo di morbosità – è fondata su una visione del mondo inconscia, non sottoposta a critica, suscettibile di ridurre considerevolmente l'orizzonte dell'esperienza e la capacità di vedere. Senza dubbio Freud ha fatto molto male a negarsi alla filosofia. Non critica mai i suoi presupposti, neppure le sue premesse psichiche personali. Alla luce di quanto ho detto finora, ciò si spiega facilmente: è una necessità, perché la critica dei suoi postulati personali gli avrebbe tolto la possibilità di presentare "ingenuamente"[2] la sua peculiare psicologia. In ogni caso avrebbe dovuto affrontare le difficoltà che io ho incontrato. Io non ho mai rifiutato di bere il calice dolce-amaro della filosofia critica, ma l'ho sorbito con cautela, se non altro in *refracta dosi*. Troppo poco, diranno i miei avversari. Quasi troppo, dice il mio sentimento personale. È facile, troppo facile che l'autocritica guasti il prezioso bene dell'ingenuità, dote così indispensabile ad ogni uomo creativo. In tutti i casi la critica filosofica mi ha aiutato a comprendere il carattere soggettivo di confessione proprio di ogni psicologia, anche della mia. Ma devo impedire alla mia critica di privarmi della mia possibilità personale di creare. Io so, certo, che dietro ogni parola che dico sta il mio particolare e unico Sé, con il suo mondo specifico e la sua storia; ma io continuerò a soddisfare il bisogno di parlare di me

[2] Vedi Freud, *L'interpretazione dei sogni* (1899) [trad. it. nell'Universale scientifica Boringhieri, NN. 96/97].

stesso, sotto il velo di un presunto materiale sperimentale. Solo così posso servire al fine della conoscenza umana, al quale voleva servire anche Freud, e al quale nonostante tutto ha servito. La conoscenza si basa non solo sulla verità, ma anche sull'errore.

La consapevolezza del carattere soggettivo di ogni psicologia, che è il prodotto di un singolo individuo, dovrebbe essere la caratteristica che mi distingue più rigorosamente da Freud.

Un ulteriore tratto distintivo mi sembra essere il fatto che io mi sforzo di non avere presupposti generali inconsci e quindi acritici. Dico "mi sforzo", perché chi può essere del tutto sicuro di non avere presupposti inconsci? Mi sforzo di evitare almeno i pregiudizi più grossolani, e perciò ho la tendenza a riconoscere tutti gli dèi possibili, purché agiscano nella psiche umana. Io non dubito che le pulsioni naturali – si tratti dell'Eros o della volontà di potenza – si dispieghino potenti nella sfera psichica, ma non dubito nemmeno che queste pulsioni si scontrino con lo "spirito", giacché si scontrano sempre con qualcosa; e perché mai questo qualcosa non dovrebbe venire chiamato "spirito"? Io so ben poco che cosa sia lo spirito in sé e per sé, ma so altrettanto poco che cosa siano gli "istinti". L'uno mi riesce altrettanto misterioso quanto gli altri, e non posso neanche spiegare l'una cosa come un "malinteso" dell'altra; poiché non è un malinteso che la terra abbia solo "una" luna: i malintesi non esistono in natura, esistono solo nell'ambito di ciò che l'uomo chiama "ragione". Istinti e spirito sono comunque al di là della mia capacità di comprendere, sono concetti che poniamo in luogo di qualcosa di sconosciuto ma potentemente attivo.

Il mio atteggiamento nei confronti di tutte le religioni è perciò positivo. Nel loro insegnamento riconosco le figure che ho incontrato nei sogni e nelle fantasie dei miei pazienti. Nella loro morale vedo gli stessi o analoghi tentativi di quelli compiuti dai miei pazienti, di loro propria invenzione o per ispirazione esterna, al fine di trovare la giusta strada per affrontare le potenze della psiche. L'atto sacro, il rituale, le iniziazioni e l'ascesi sono per me estremamente interessanti come tecniche ricche di variazioni e di forme per trovare la via giusta. Altrettanto positivo è il mio rapporto con la biologia, e in generale con l'empirismo scientifico, che mi sembra un poderoso tentativo di comprendere la psiche dall'esterno all'interno, così come, viceversa, la gnosi religiosa è per me un'impresa altrettanto gigantesca dello spirito umano per arrivare alla conoscenza dall'intimità più profonda. Nella mia immagine del mondo c'è un grande regno esteriore e un regno interiore altrettanto grande, e tra questi poli sta per me l'uomo, ora rivolto all'uno, ora all'altro, e considerando verità assoluta ora l'uno ora l'altro, a seconda del temperamento e della costituzione, e negando o sacrificando l'uno in favore dell'altro a seconda dei casi.

Questa immagine è un postulato, certo, ma un postulato a cui non voglio rinunciare, perché lo considero troppo prezioso come ipotesi. Mi si è dimostrato valido empiricamente ed euristicamente, e inoltre è confermato dal *consensus gentium*. Da questa ipotesi, che sicuramente proviene da me stesso – anche se io m'illudo di averla trovata nell'esperienza – è nata la mia teoria dei tipi e anche la mia riconciliazione con punti di vista così divergenti dai miei, come quelli di Freud, per esempio.

Da quel quadro di opposti che è per me il mondo mi viene il concetto dell'energia psichica. Questa deve derivare anch'essa da opposti come l'energia degli eventi fisici, la quale presuppone sempre un gradiente, vale a dire l'esistenza di contrari come caldo-freddo, alto-basso ecc. Mentre Freud inizialmente considerava quasi esclusivamente la sessualità come forza propulsiva psichica, e solo dopo la mia rottura con lui cominciò a prendere in considerazione altri fattori, io ho riassunto nel concetto di energia tutte le pulsioni o forze psichiche costruite più o meno ad hoc, per escludere i quasi inevitabili fattori arbitrari di una pura psicologia delle forze. Perciò io non parlo più di forze o di singole pulsioni, ma di "intensità di valore".[3] Con ciò non si vuole negare l'importanza della sessualità negli eventi psichici, come Freud si ostina a credere, ma si vuole arginare l'inondazione della psiche da parte di una terminologia sessuale, e rimettere la stessa sessualità al posto che le compete.

In fin dei conti – e questo il buonsenso umano non lo potrà mai ignorare – essa è solo "uno" degli istinti biologici, solo "una" delle funzioni psicofisiologiche, anche se molto importante e ricca di conseguenze. Ma che cosa accadrebbe se per esempio non dovessimo più mangiare? Indubbiamente oggi la sfera psichica inerente alla sessualità è considerevolmente disturbata, e quando un dente fa davvero male, tutta la psiche sembra consistere solo di mal di denti. Il tipo di sessualità che Freud descrive è l'inconfondibile ossessione sessuale che s'incontra sempre quando un paziente dovrebbe venire spinto o attirato fuori da una situazione o atteggiamento inadeguato, una specie di sessualità stagnante, che si contrae immediatamente a proporzioni normali non appena si dia via libera al suo dispiegamento. Perlopiù è l'impantanamento in risentimenti familiari, nelle lungaggini emotive del cosiddetto "romanzo familiare" che provoca il ristagno dell'energia vitale, ed è questo ristagno che si fa sentire inevitabilmente nella forma della cosiddetta sessualità infantile. Qui si tratta d'una sessualità impropria, d'un deflusso innaturale di tensioni che in realtà fanno parte di un'altra sfera vitale. A che serve allora, in ultima analisi, continuare a navigare su questo terreno alluvionato? È molto più importante – così almeno sembra a un retto intendimento – aprire dei canali di deflusso, cioè trovare le possibilità o l'atteggiamento che offrano all'energia il gradiente che le è appropriato, altrimenti non si produce

[3] Vedi Jung, *Energetica psichica* (1928).

altro che un *circulus vitiosus*; e tale mi appare la psicologia freudiana. Manca ad essa ogni possibilità di sfuggire alla morsa inesorabile dell'evento biologico. Disperati, bisogna esclamare con Paolo: "Misero me, chi mi libererà da questo corpo votato alla morte?" E l'uomo spirituale in noi interviene scotendo il capo e dice con Faust: "Tu sei cosciente di un unico impulso" – cioè del peso della carne, che porta indietro verso il padre e la madre, o in avanti verso i figli nati dalla nostra carne – "incesto" con il passato e "incesto" con il futuro, il peccato originale della perpetuazione del "romanzo familiare". Niente libera da questa situazione se non lo spirito, l'altro polo del mondo; non i figli della carne, ma i "figli di Dio" conoscono la libertà. In *Der tote Tag* [*Il giorno morto*] di Ernst Barlach, il demone materno dice, alla tragica conclusione del romanzo familiare: "Lo strano è solo che l'uomo non voglia capire che suo padre è Dio." Questo è ciò che Freud non ha mai voluto imparare, e contro cui si rivoltano tutti coloro che la pensano come lui; o perlomeno questa è la porta di cui non trovano la chiave. La teologia non viene incontro a chi cerca, perché richiede la fede, che è però un vero e proprio carisma che nessuno può fabbricarsi. *Noi moderni siamo destinati a rivivere lo spirito, cioè a fare l'esperienza primordiale.* Questa è l'unica possibilità di rompere il cerchio magico delle leggi biologiche.

Questa presa di posizione è il terzo tratto che distingue le mie concezioni da quelle di Freud. Per questo motivo mi si accusa di misticismo. Ma io non mi dichiaro responsabile del fatto che l'uomo ha sempre e dappertutto sviluppato naturalmente la funzione religiosa e che quindi l'anima umana è imbevuta e intessuta fin dagli inizi di sentimenti e rappresentazioni religiose. Chi non vede questo aspetto dell'anima umana è cieco, e chi vuole liquidarlo con qualche spiegazione o con l'illuminismo non ha il senso della realtà delle cose. O forse il complesso del padre, che permea l'intera scuola freudiana, dal suo capo all'ultimo dei suoi aderenti, ci prova che una liberazione degna di nota dalla fatalità del romanzo familiare si è prodotta? Questo complesso del padre con la sua rigidità fanatica e la sua ipersensibilità, è una funzione religiosa malintesa, un misticismo che si è impadronito dell'elemento biologico e familiare. Con il suo concetto di "Super-io" Freud fa un timido tentativo d'introdurre surrettiziamente nella teoria psicologica la sua vecchia immagine di Yahwèh. Cose del genere è meglio dirle subito in modo chiaro: per questo io ho preferito chiamare le cose col nome con cui sono sempre state chiamate.

La ruota della storia non deve venir spinta all'indietro, e il moto dell'umanità verso lo spirito, che è già presente nelle iniziazioni primitive, non dev'essere negato. Certo, la scienza non solo può, ma deve, delimitarsi con ipotesi ben definite dei settori parziali; ma la psiche è una totalità sopraordinata alla coscienza, madre e condizione necessaria della coscienza. Anche la scienza è quindi solo una delle sue funzioni, e non potrà mai esaurire l'abbondanza della sua vita. Lo psicoterapeuta non deve rincantucciarsi nella patologia e ostinarsi a non vedere che anche l'anima malata è un'anima umana, che, nonostante la malattia, partecipa inconsciamente alla totalità della vita psichica dell'umanità. Anzi, egli deve poter anche ammettere che l'Io è malato perché è stato tagliato fuori dalla totalità e quindi è andato perduto sia per l'umanità che per lo spirito. L'Io è effettivamente il "luogo dell'angoscia", come dice giustamente Freud,[4] e lo è fino a quando non ha ritrovato "padre" e "madre". Freud è messo in scacco dalla domanda di Nicodemo: "Può egli ritornare per la seconda volta nel ventre di sua madre e venir partorito?" La storia si ripete – *si parva componere magnis licet* – nella forma del contrasto interno della psicologia moderna.

[4] In *L'Io e l'Es* (1922) [trad. it. in Biblioteca Boringhieri, N. 16].

Da innumerevoli millenni le iniziazioni insegnano la nascita dallo spirito, e, stranamente, l'uomo torna sempre a dimenticare il significato della generazione divina. Questo non dimostra una particolare forza dello spirito; e le conseguenze dell'incomprensione si manifestano come deformazione, amarezza, atrofia e sterilità nevrotiche. È facile cacciar via lo spirito; ma allora nel nostro pane manca il sale, il "sale della terra". Eppure lo spirito torna sempre a dimostrare la sua forza col fatto che l'insegnamento essenziale delle antiche iniziazioni viene trasmesso di generazione in generazione. Ed esistono sempre anche uomini che hanno capito che cosa significa che Dio sia il loro padre. L'equilibrio tra carne e spirito si conserva nel mondo.

Il contrasto tra Freud e me si basa sostanzialmente sulla diversità dei postulati di principio. I postulati sono inevitabili, e poiché sono inevitabili non bisognerebbe mai fingere di non averne. Perciò ho messo in luce anzitutto gli aspetti di principio: perché da questi si possono meglio comprendere le molteplici differenze, che scendono fin nei particolari, tra la concezione di Freud e la mia.

SIGMUND FREUD COME FENOMENO STORICO-CULTURALE

1932

È sempre scabroso e pericoloso considerare dal punto di vista storico una persona vivente. Quando tuttavia ci troviamo di fronte a un'opera e a un sistema di pensiero in sé conclusi, come è il caso per Freud, coglierne le dipendenze e il significato storico diventa meno difficile. La sua dottrina, che nelle linee essenziali dovrebbe essere nota ad ogni uomo colto, anche se profano, non ha ramificazioni interminabili, né contiene elementi estranei tratti da altri campi scientifici, e poggia in definitiva su alcuni pochi princìpi chiari, che dominano e pervadono tutto il complesso del pensiero freudiano. Inoltre, il fondatore della dottrina ha identificato questa col suo metodo della "psicoanalisi", creando in tal modo un sistema rigido che non a torto viene tacciato di assolutismo. L'inconsueto rilievo assunto da questa teoria nella storia della scienza presenta d'altra parte l'indubbio vantaggio che essa si staglia nettamente, come fenomeno unico e nuovo, nel suo sfondo scientifico e filosofico. Essa non può confondersi con altre concezioni contemporanee né ha alcuna relazione cosciente con antecedenti nella storia del pensiero. Questo senso della sua irriferibilità si accentua ulteriormente in conseguenza dell'uso di una specifica terminologia, che rasenta talora i caratteri di un gergo personale. Essa ha tutta l'apparenza di una dottrina nata esclusivamente, come Freud stesso vorrebbe, nel gabinetto medico, e che fuori di lì dovrebbe riuscire male accetta, costituendo una spina nel corpo della scienza "accademica". Tuttavia anche l'idea più originale e unica non piove mai dal cielo, ma si sviluppa affondando le proprie radici in un terreno obiettivo, nel quale tutti i contemporanei, ne siano o no coscienti, si trovano strettamente collegati.

Freud sorge da premesse storiche che rendevano necessaria la sua apparizione, e in particolare il suo concetto principale, la dottrina della *rimozione della sessualità*, risulta evidentemente determinato dalle condizioni storiche. Freud, come il suo contemporaneo Nietzsche, di lui maggiore sul piano del pensiero, vive alla fine dell'epoca vittoriana: di quell'epoca che non ha ancora trovato sul continente una denominazione altrettanto precisa, quantunque sia stata nei paesi germanici e protestanti non meno caratteristica che in quelli anglosassoni. Quella vittoriana fu l'epoca della rimozione: uno spasmodico tentativo di mantenere artificialmente in vita, mediante un certo moralismo, alcuni ideali anemici, nel quadro della dignità borghese. Questi "ideali" erano le ultime propaggini di quelle concezioni religiose generali del Medioevo che l'illuminismo francese e la successiva Rivoluzione avevano profondamente scosso. Di pari passo anche sul piano politico le vecchie verità si svuotavano di significato e minacciavano di crollare. Ma i tempi non erano ancora maturi: tutto il secolo si sforzò quindi in modo convulso di mantenere ancora in vita il vacillante Medioevo cristiano. Furono represse le rivoluzioni politiche, l'opinione pubblica borghese rese impossibili i tentativi di una liberazione morale, e la filosofia critica dell'ultimo Settecento sboccò, a tutta prima, in un rinnovato tentativo sistematico di serrare il mondo entro una rete di concetti, secondo il modello medievale. Tuttavia nel corso del diciannovesimo secolo l'illuminismo venne a poco a poco nuovamente affermandosi, sotto la forma del materialismo e del razionalismo scientifico.

Questo il terreno su cui doveva sorgere Freud, e i cui

caratteri spirituali dovevano fatalmente influenzarlo. Egli ha la passionalità dell'illuminista (l'"écrasez l'infâme" di Voltaire è una delle sue citazioni preferite) e si compiace in modo particolare nello svelare "quel che in realtà c'è sotto"; e tutti i fenomeni spirituali complessi, come l'arte, la filosofia, la religione, sono da lui sospettati di essere "null'altro che" rimozioni dell'istinto sessuale. Tale impostazione riduttiva e negativa di fronte a valori culturali riconosciuti va imputata in lui alle condizioni storiche; egli vede le cose secondo l'ottica che il suo tempo gli impone. Ciò risulta nel modo più chiaro nel suo scritto *L'avvenire di un'illusione* (1927), in cui egli traccia un quadro della religione che corrisponde in pieno ai pregiudizi dell'epoca materialistica.

La sua passione illuministica di mostrare i lati negativi delle cose deriva dal fatto che l'epoca vittoriana si servì dei valori culturali per mascherare una concezione borghese della realtà; fra tali mezzi la religione, una religione a base di rimozione, aveva una funzione essenziale. È questa falsificazione della religione che Freud ha presente. Lo stesso vale per l'immagine dell'uomo: le sue qualità coscienti – vittorianamente: la sua maschera personale ben falsificata in senso idealistico – riposano su un corrispondente oscuro sottosuolo, e cioè sulla sessualità infantile rimossa: tutti i talenti e tutte le realizzazioni positive poggiano su un elemento negativo infantile, corrispondente al detto materialistico: "l'uomo è quel che mangia".

Tale concezione dell'uomo – considerata storicamente – costituisce una reazione erostratica[1] alla tendenza dell'epoca vittoriana a vedere e far vedere tutto "in rosa": era infatti il tempo dell'"ipocrisia" spirituale, tempo che alla fine doveva produrre un Nietzsche il quale, per fare della filosofia, si servì di un martello. È

[1] [Eròstrato, di Efeso, incendiò nel 356 a.C. il tempio di Artemide per rendersi famoso.]

logico che i grandi motivi etici che foggiano l'umano destino scompaiano nella dottrina di Freud. Essi vengono sostituiti da una morale convenzionale di cui giustamente si può dire che non si sarebbe mai costituita, o non sarebbe stata ciò che è, se uno o più dei nostri progenitori non avessero inventato in un momento di malumore siffatte prescrizioni, nell'utilitaria intenzione di neutralizzare la propria impotenza. Da allora in poi tali princìpi avrebbero continuato, ahimè, a sussistere, trasmettendosi nel "Super-io" di ciascun singolo. Questa grottesca concezione svalutativa costituisce un giusto castigo per il fatto, storicamente vero, che l'etica dell'età vittoriana altro non fu che una morale convenzionale, creazione di tetri "praeceptores mundi".

Allorché in retrospettiva si considera Freud a questo modo, e cioè come un esponente del rancore del secolo nascente nei confronti del diciannovesimo secolo – con le sue illusioni, la sua ipocrisia, la sua mezza cultura, i suoi falsi ed esagerati sentimentalismi, la sua morale superficiale, la sua religiosità artificiosa e insulsa e il suo lacrimevole gusto – lo si giudica, secondo me, assai più giustamente che non proclamandolo un banditore di vie e di verità nuove. Egli è un grande distruttore, che spezza i vincoli del passato. Egli ci libera dalla morbosa oppressione di un vecchio mondo abituale e infracidito. E mostra come sia possibile interpretare anche in altro modo quei valori ai quali ancora prestavano fede i nostri padri: ad esempio la menzogna sentimentale dei genitori "che vivono solo per i loro figliuoli", oppure il motivo del nobile figlio che "conserva per tutta la vita la sua adorazione per la madre", oppure l'ideale della figlia che è "piena di comprensione" per suo padre. Cose simili erano prima credute a occhi chiusi. Da quando però Freud ha messo in discussione l'indigesto principio della "fissazione incestuosa", nascono dubbi salutari, che tuttavia a volte, per le persone sane, non debbono essere spinti troppo oltre.

La "teoria sessuale", concepita come critica della psicologia contemporanea, può essere esattamente compresa – e possiamo riconciliarci anche con i suoi concetti e le sue asserzioni più perturbanti – quando si sia consapevoli delle premesse storiche contro le quali essa è diretta. Sapendo come il diciannovesimo secolo per non turbare la propria rappresentazione del mondo ha trasformato fatti del tutto naturali in virtù moralistico-sentimentali, si può anche trovare un qualche senso in quell'affermazione di Freud che fra tutte ha suscitato il maggior scalpore, che cioè il poppante inizierebbe la sua vita sessuale fin da quando è attaccato al seno materno. Infatti tale interpretazione carica già di sospetti la proverbiale innocenza del poppante, e cioè il *rapporto madre-figlio* in genere. Questa è l'essenza dell'affermazione di Freud, cioè un colpo rivolto al cuore della "sacra maternità". Che le madri mettano al mondo figli non è cosa sacra, ma semplicemente naturale. Quando si dice che è sacra, nasce prepotente il sospetto che si voglia con ciò coprire qualche cosa di assai poco sacro: e Freud disse chiaramente "che cosa c'è sotto"; solo che, in modo poco felice, accusò il figlio in luogo della madre.

Da un punto di vista scientifico la dottrina della sessualità del poppante ha scarso valore, dato che anche per il bruco è indifferente affermare che mangia la sua foglia per semplice diletto o per un diletto sessuale. Il merito storico di Freud non consiste in quei suoi scolastici errori d'interpretazione nel campo della scienza specializzata, ma nel fatto che egli – e a ciò si deve e con ciò si giustifica la sua giusta fama – spezza i falsi idoli come un profeta dell'Antico Testamento e mette spietatamente a nudo quel che vi è di marcio nell'anima contemporanea. Ogniqualvolta egli intraprende una dolorosa riduzione (ad esempio il buon Dio dell'Ottocento spiegato come trasfigurazione del "signor padre", l'accumulare denaro come piacere escrementizio infantile ecc.) possiamo stare sicuri di trovarci di fronte a una sopravvalutazione o a una falsificazione. Che cos'è ad esempio il *Deus abscon-*

ditus di Lutero di fronte allo sdolcinato Dio del diciannovesimo secolo? E non è forse ammesso da tutta la gente per bene che anche i buoni possono guadagnare molti quattrini?

Come Nietzsche, come la guerra mondiale, così anche Freud – e il suo equivalente letterario Joyce – è una risposta alla malattia del diciannovesimo secolo. Questo è veramente il suo significato principale. Egli non rappresenta un programma rivolto all'avvenire, giacché – per quanti sforzi si faccia e per quanto intensamente lo si voglia – non sarà mai possibile trasferire nell'esperienza umana, liberati dalla rimozione, tutti gli impulsi incestuosi rimossi e in genere tutti gli analoghi elementi incompatibili. All'opposto: già alcuni pastori protestanti si sono gettati a capofitto sulla psicoanalisi, in quanto essa sembra loro un ottimo mezzo per affinare la coscienza morale degli uomini rendendola sensibile a ben altri peccati che puramente a quelli coscienti; utilizzazione questa in verità grottesca, ma estremamente logica, già profeticamente prevista da Stanley Hall.[2] Perfino i medici seguaci di Freud hanno incominciato ad ammettere l'esistenza di una nuova rimozione, se possibile ancora più fiacca, e ciò è ben comprensibile, dato che nessuno sa che cosa si possa fare dei desideri incompatibili, e si riconosce invece, in fondo, quanto sia logico che cose simili vengano rimosse.

Per ovviare a tali difficoltà, Freud ha coniato il concetto di *sublimazione*. L'idea della sublimazione significa nientemeno che un trucco alchimistico, con cui si trasforma il vile in nobile, l'inutile in utile, l'inadoperabile in vantaggioso. Chi riuscisse a fare ciò, acquisterebbe gloria immortale. Disgraziatamente la riconversione dell'energia, senza consumo di una quantità d'energia ancora maggiore di quella impiegata, non è ancora stata scoperta dai

[2] S. Hall, *Life and Confessions of a Psychologist* (Appleton, New York e Londra 1923).

fisici. E la sublimazione, escogitata per tacitare obiezioni importune, costituisce per ora un pio desiderio.

Io non intendo, nella discussione di questo problema, portare l'accento sulle difficoltà professionali degli psicoterapeuti pratici, quanto piuttosto sul fatto che anche con ciò appare chiaro che Freud non significa un programma. Egli non va inteso in relazione a un avvenire. Tutto è orientato in lui verso il passato, e anche ciò con una scelta unilaterale. A lui interessa donde le cose vengano e non dove vadano. Ciò che lo spinge alla ricerca delle cause è qualche cosa di più che non una semplice necessità causale scientifica, altrimenti non potrebbe sfuggirgli che ci sono dei fatti psicologici che hanno in realtà motivazioni diverse dai particolari piccanti di una cronaca scandalosa.

Ne è un tipico esempio il suo scritto su Leonardo da Vinci e sul problema delle due madri.[3] In realtà Leonardo ebbe una madre naturale e una matrigna; ma il problema delle due madri sussiste come motivo mitologico anche quando di fatto le due madri non ci sono. Gli eroi hanno assai spesso due madri, e per i faraoni quest'uso mitologico era addirittura di rigore. Freud si sofferma invece al *minus factum*; a lui basta che sotto di esso vi sia *naturalmente* qualche cosa di spiacevole o di negativo. Quantunque questo modo di procedere non sia prettamente "scientifico", io, giudicando come storico, gliene attribuisco maggiore merito che se esso fosse scientificamente impeccabile. Infatti una precisione scientifica avrebbe molto probabilmente lasciato svanire nel nulla quei retroscena oscuri che però esistono anch'essi, e allora non si sarebbe attuato il compito storico di Freud, d'indicare cioè quanto vi è di oscuro dietro le false facciate. Di fronte a ciò una lieve imprecisione scientifica ha scarsa rilevanza. Si ha proprio l'impressione, esaminando atten-

[3] [Freud, *Un ricordo d'infanzia di Leonardo da Vinci* (1910), trad. it. in Biblioteca Boringhieri, N.5.]

tamente i lavori di Freud, che le sue capacità scientifiche e il fine a cui esse sono rivolte (ed egli non si stanca di metterlo avanti) siano stati furtivamente utilizzati da quello che è il suo inconscio compito culturale, e ciò a scapito di un'effettiva costruzione teorica. Al giorno d'oggi la voce che chiama nel deserto deve assumere toni scientifici se vuole giungere all'orecchio del mondo contemporaneo. Si deve poter dire che è stata proprio la *scienza* a fornire certi risultati. Soltanto ciò è convincente. Ma anche la scienza è senza difesa di fronte alla concezione che l'inconscio ha del mondo. Come sarebbe stato facile interpretare la triade della *Sant'Anna* di Leonardo quale classica rappresentazione del motivo mitologico delle due madri! Ma per la psicologia tardovittoriana di Freud – e con lui per un pubblico assai vasto – si è guadagnato molto di più stabilendo "con un'accurata indagine" che il rispettabile padre di Leonardo ha messo al mondo il grande artista in forza di un piccolo errore. E la frecciata coglie nel segno. Il motivo psicologico delle due madri è infatti *positivamente* scientifico, ma appunto perciò interessa soltanto quei pochi che si dedicano alla conoscenza inattuale, e lascia indifferente il gran pubblico. Per questo pubblico, molto più che per la scienza, ha valore l'impostazione unilaterale di Freud verso il lato negativo.

La scienza, fedele alle sue premesse, mira a un giudizio sereno, imparziale e compiuto. La teoria freudiana è invece nel migliore dei casi una mezza verità, e ha quindi bisogno, per sostenersi e affermarsi, di un rigorismo dogmatico e di un fanatismo da inquisitore. A una verità scientifica, per essere tale, basta la semplice costatazione: la teoria psicoanalitica non aspira invece nel suo intimo a valere come verità scientifica, ma ad agire su un pubblico più vasto. E qui si riconosce la sua origine, che è quella del gabinetto medico. Essa proclama ciò di cui il nevrotico, negli anni posti a cavallo dei due secoli, doveva rendersi conto una volta per sempre, dato che era una delle vittime inconsce della psicologia tardovittoriana. La psicoanalisi distrugge personalmente in lui i falsi valori, cauterizzando l'intero marciume del defunto diciannovesimo secolo. Per questo il metodo rappresenta un incremento prezioso, anzi indispensabile, di conoscenze pratiche, che hanno promosso in modo decisivo l'elaborazione di una psicologia delle nevrosi. Si deve all'ardita unilateralità di Freud se la medicina è oggi in condizione di trattare i casi di nevrosi individualmente e se la scienza è stata arricchita di un metodo che le consente di considerare la psiche individuale come oggetto d'indagine. Prima di Freud qualcosa di simile non poteva avere che valore di curiosità.

Dato però che la nevrosi non è una malattia specifica dell'epoca postvittoriana, ma gode di molto maggiore estensione nel tempo e nello spazio, sviluppandosi anche presso popoli o in individui che non hanno bisogno di essere illuminati circa la sessualità né di essere liberati da pregiudizi dannosi in questo campo, il valore di una teoria delle nevrosi o di una teoria del sogno basata su un pregiudizio vittoriano non può non essere quantomeno limitato ai fini della scienza. Se così non fosse, la dottrina di Adler, totalmente diversa, sarebbe rimasta senza efficacia. Anche Adler usa un metodo riduttivo; riduce però ogni cosa non già al principio di piacere, ma all'istinto di potenza: anch'egli con successo innegabile. Ciò mostra nel modo più lampante l'unilateralità della teoria freudiana. Anche la teoria di Adler è unilaterale, ma, congiunta a quella di Freud, dà un quadro più completo e più chiaro del risentimento contro lo spirito del diciannovesimo secolo. L'odierno tramonto degli ideali dei padri si riflette anche in Adler.

La psiche umana non è però soltanto un prodotto dello spirito del nostro tempo, ma cosa di assai maggiore consistenza e stabilità. Il "diciannovesimo secolo" è un fenomeno puramente locale e contingente, che ha deposto solo un lieve strato di polvere sulla vecchia anima dell'umanità. Quando questo strato sarà eliminato e le lenti dei nostri occhiali professorali saranno state ripulite, che cosa ci sarà dato di vedere? Come vedremo allora la psiche e come spiegheremo una nevrosi? Questo è il problema che si presenta ad ogni medico i cui casi non siano guariti, anche dopo avere dissotterrato tutte le esperienze sessuali infantili e dopo avere dissolto in elementi torbidi tutti i valori culturali, o dopo che il paziente sia apparentemente divenuto un uomo normale e un essere sociale.

Una teoria psicologica generale che aspiri a dignità scientifica non può fondarsi sulle deformazioni del diciannovesimo secolo e una teoria delle nevrosi deve saper spiegare l'isterismo anche presso i Maori. Non appena la teoria sessuale abbandona il ristretto campo della psicologia delle nevrosi per passare ad altre sfere, come ad esempio alla psicologia primitiva, la sua unilateralità e insufficienza divengono evidenti. Concezioni nate dall'osservazione empirica delle nevrosi a Vienna tra il 1890 e il 1920 sono difficilmente utilizzabili per la problematica di *Totem e tabù* (1912-13) anche se l'impresa viene condotta in modo assai abile. Freud non è riuscito a penetrare in quello strato più profondo dell'universale umano. Egli non doveva né poteva farlo senza tradire quello che è stato il suo specifico compito nella storia della civiltà. Egli ha assolto quel compito; ed esso è sufficiente a dare fama all'attività di una vita intera.

SIGMUND FREUD: NECROLOGIO

1939

La storia della cultura tra la fine del diciannovesimo e l'inizio del ventesimo secolo non potrà più ignorare il nome di Freud. Il sistema freudiano d'indagine ha toccato quasi tutte le sfere del pensiero contemporaneo, a eccezione delle scienze esatte; esso, cioè, ha affrontato ogni campo nel quale l'anima umana ha parte preponderante, in primo luogo dunque la psicopatologia, poi la psicologia, la filosofia, l'estetica, l'etnologia e da ultimo il campo non certamente meno importante della psicologia della religione. Invero tutto quanto di valido, o di apparentemente valido, viene detto sulla natura dell'anima tocca automaticamente e inevitabilmente l'intera dimensione delle scienze umane; e qualunque cosa si pensi sulla natura degli accadimenti spirituali concerne i fondamenti psichici di tutte le scienze umane, anche quando le scoperte vere e proprie riguardano la scienza medica; la quale, com'è noto, non è inclusa tra le scienze umane.

Freud fu uno "specialista dei nervi" (neurologo, nel senso più stretto del termine) e tale è sempre rimasto, sotto ogni aspetto. Egli non fu psichiatra, né psicologo, né filosofo. Della filosofia gli mancavano persino le basi più elementari. Del resto una volta mi assicurò che non gli era mai venuto in mente di leggere Nietzsche. Questo fatto è importante per capire le vedute del tutto particolari di Freud, caratterizzate da una mancanza apparentemente totale di premesse filosofiche. La genesi della sua teoria reca il marchio inconfondibile dell'esperienza ambulatoriale. Il suo punto di partenza è sempre la psiche degenerata per *nevrosi*; la quale, in parte controvoglia e in parte con malcelato piacere, si spoglia dei suoi segreti sotto l'occhio critico del medico. Tuttavia, poiché il paziente nevrotico oltre ad avere un suo malanno individuale è anche, ed è sempre stato, un esponente della forma mentis locale e contemporanea, tra l'osservazione medica del suo caso specifico e certe premesse spirituali generali esiste già a priori un ponte: il che ha posto Freud in grado di volgere la sua intuizione dai ristretti limiti d'una visita medica alla vastità di tutto un mondo d'idee morali, filosofiche e religiose. Anche queste ultime infatti, ed era fatale, si rivelarono accessibili a simile indagine critica.

Dei primi stimoli Freud fu debitore a Charcot, il grande maestro della Salpêtrière. Uno degli insegnamenti fondamentali appresi colà fu quello dell'ipnotismo e della suggestione (nel 1888 egli tradusse il libro di Bernheim sulla suggestione). L'altro fu la scoperta di Charcot, secondo cui i sintomi isterici sono le conseguenze di certe idee che si sono impossessate del "cervello" del malato. Pierre Janet, allievo di Charcot, sviluppò la scoperta e le fornì indispensabili basi nelle sue ponderose opere *Les obsessions et la psychasthénie* e *Névroses et idées fixes*. Il collega viennese di Freud, di lui più anziano, Josef Breuer, portò a quella scoperta, di per sé importantissima (scoperta che – sia detto per inciso – più d'un medico condotto aveva già fatto molto tempo prima) il sostegno di un caso probante, derivandone una teoria che Freud dice coincidere con la concezione medievale, previa sostituzione del "demone", prodotto dalla fantasia dei sacerdoti, con una formula psicologica. La teoria medievale della "possessione" (in Janet attenuata in "ossessione") trovò dunque in Breuer e Freud accoglienza favorevole, sebbene il Maligno – invertendo il prodigio faustiano –

si mascherasse nell'innocuo botolo d'una "formula psicologica". Il grande merito dei due studiosi, dunque, è quello di non avere trascurato, come aveva fatto il razionalista Janet, la significativa analogia della possessione demoniaca; ma di avere, anzi, confermato la teoria medievale del doversi snidare la causa della possessione al fine, per così dire, di esorcizzare il Maligno. Breuer fu il primo a scoprire che le idee patogene sono ricordi di certi avvenimenti che egli definì *traumatici* (feritori). La scoperta fu il primo significativo passo per il proseguimento del lavoro della Salpêtrière, e nello stesso tempo costituì la base di tutta la teoria freudiana. I due ricercatori riconobbero sin dagli inizi (1893) l'enorme importanza *pratica* della loro scoperta, cioè notarono che le "idee" generatrici di sintomi avevano come base un *affetto*, la cui particolarità consisteva nel fatto di non manifestarsi mai in superficie, e perciò di non essere veramente cosciente. Scopo della terapia era dunque di "abreagire" l'affetto "bloccato".

Tale formulazione provvisoria era, sì, semplice, ma lo era fin troppo per poter spiegare l'essenza delle nevrosi in generale. È a questo punto che ebbe inizio la ricerca indipendente di Freud. Dapprima egli si occupò del problema del trauma e trovò (o credette di trovare) immediatamente che i fattori traumatici erano inconsci in quanto erano penosi. E penosi erano (secondo la sua opinione d'allora) tutti quelli che avevano origine nella sfera sessuale. La teoria del trauma sessuale fu dunque la sua prima autonoma teoria dell'isterismo. Ogni specialista che si occupa delle nevrosi sa come i pazienti siano da una parte suggestionabili e dall'altra inattendibili nella loro esposizione: la teoria si moveva dunque su un terreno scivoloso e infido. Freud si vide perciò ben presto costretto, più o meno tacitamente, a rettificarla nel senso che il momento traumatico vada attribuito anche, o di preferenza, a un'abnorme evoluzione della fantasia infantile. Come forza motrice del lussureggiare della fantasia indicò la sessualità infantile, argomento cui fino ad allora nessuno aveva voluto prestare attenzione. La letteratura medica ovviamente era già da tempo a conoscenza di casi di evoluzione precoce abnorme, senza però postularla anche per bambini relativamente normali. Neppure Freud, del resto, commette simile errore né pensa a una concreta evoluzione precoce. Si tratta piuttosto di una specie di parafrasi o interpretazione di episodi infantili, più o meno normali, nel senso della sessualità. Contro tale concezione si sollevò subito un'ondata di sdegno e di riprovazione, prima nei circoli specialistici e poi anche presso il vasto pubblico colto. A parte la costatazione che ogni nuova idea incontra inevitabilmente la più ostinata resistenza corporativa, la teoria freudiana della vita istintuale infantile rappresentava un'invasione nel campo della psicologia generale e normale, in quanto trasferiva osservazioni dalla psicologia delle nevrosi a un campo che fino a quel momento non era mai stato osservato in tale luce.

L'accurata e approfondita indagine della condizione mentale propriamente nevrotica e particolarmente isterica non poté non confermare a Freud che spesso simili pazienti manifestano una vita onirica assai vivave e perciò tra le altre cose raccontano volentieri anche i loro sogni. Sovente tali sogni, per struttura e modo d'espressione, corrispondono alla sintomatologia della nevrosi. Stati d'ansia e incubi sono per così dire inseparabili e hanno chiaramente origine dalla stessa matrice. Freud non poté dunque fare a meno d'includere anche il fenomeno del sogno nell'ambito delle sue considerazioni. Già antecedentemente si era reso conto che il "blocco" dell'affetto traumatico aveva alla base una *rimozione* di materiale per così dire "incompatibile". I sintomi erano manifestazioni sostitutive di stimoli, desideri e fantasie che subivano una "censura" da parte di certe convenzioni etiche, perché moralmente ed esteticamente sgradevoli. Cioè erano rimossi dalla coscienza da una certa attitudine morale, e una specifica inibizione impediva che fossero richiamati alla memoria. La *teoria della rimozione*, come Freud la definì con felice espressione, divenne subito il nucleo della sua psicologia. E poiché grazie ad essa molte cose potevano essere chiarite, non sorprende ch'essa abbia subito trovato applicazione anche per i sogni. *L'interpretazione dei sogni* (1899) di Freud è un'opera che ha fatto epoca e rimane il più ardito tentativo che sia mai stato compiuto per risolvere gli enigmi della psiche inconscia sull'apparentemente solido terreno dell'empirismo. L'autore cercò di ottenere da un materiale concreto la prova che i sogni sono appagamenti larvati di desideri. Simile estensione all'ambito dei sogni del "meccanismo della rimozione", proprio della psicologia delle nevrosi, rappresentò il secondo sconfinamento, carico di conseguenze, nella sfera della psicologia normale, e agitò subito problemi la cui soluzione avrebbe richiesto altri mezzi, e ben più efficaci, di quanto non fossero le ristrette esperienze del colloquio medico-paziente.

L'interpretazione dei sogni resta la più significativa opera di Freud, e nello stesso tempo quella che più si presta ad attacchi. Per noi giovani psichiatri essa fu allora fonte d'illuminazione, mentre era oggetto di scherno da parte dei colleghi più anziani. Come già con la nozione che le nevrosi hanno natura di possessione demoniaca, parimenti con l'elevare il sogno a principale fonte d'informazione sui processi dell'inconscio – "il sogno è la via maestra dell'inconscio" – Freud ha strappato un valore dall'oblio nel quale esso sembrava inesorabilmente perduto. Nella terapeutica antica e nelle vecchie religioni il sogno era tenuto in gran conto, ed elevato a dignità di oracolo. Ma fu atto di non scarso coraggio scientifico fare oggetto di seria discussione una cosa a quel tempo tanto impopolare come il sogno. Soprattutto, ciò che allora stimolò noi giovani psichiatri non furono né la tecnica né la teoria, che ci parvero entrambe assai opinabili, bensì il fatto che qualcuno avesse osato comunque impegnarsi a fondo con i sogni. Quest'impegno infatti aprì la strada all'intima comprensione della genesi delle allucinazioni e dei deliri nella schizofrenia, di cui la psichiatria poteva dare una descrizione soltanto esteriore. Oltre a ciò quell'opera divenne la chiave per le molte porte sbarrate della psicologia delle nevrosi nonché di quella normale. Il grande, incommensurabile merito dell'*Interpretazione dei sogni* è l'aver riportato il sogno come tale a oggetto di discussione.

La teoria della rimozione trovò ulteriore applicazione per l'interpretazione dei motti di spirito, e portò alla pubblicazione del divertente scritto *Il motto di spirito e la sua relazione con l'inconscio* (1905), parallelo a *Psicopatologia della vita quotidiana* (1901), che è pure un libro dilettevole-didattico anche per non specialisti. Una puntata della teoria della rimozione nella psicologia dei primitivi con *Totem e tabù* (1912-13) fu meno felice, in quanto l'applicazione dei concetti della psicologia delle nevrosi alle concezioni dei primitivi, invece di chiarire queste, servì a mettere in più chiara evidenza l'insufficienza di quella.

Un'ultima applicazione della teoria in questione, infine, concerne il campo religioso (*L'avvenire di un'illusione*, 1927). Se in *Totem e tabù* vi è ancora molto di accettabile, altrettanto non si può dire di quest'ultimo tentativo che denuncia la scarsa preparazione filosofica e religiosa di Freud, senza parlare del fatto che egli mostra di mancare di qualsiasi comprensione dell'essenza della religiosità. In età assai avanzata Freud compose ancora un libro sull'"uomo Mosè",[1] sul condottiero d'Israele cui non fu concesso di porre piede sulla Terra promessa. La scelta di Mosè non dev'essere stata casuale da parte di una personalità quale fu la sua.

Come ho detto all'inizio, Freud restò sempre un medico. In ogni suo contatto con campi d'altra matrice egli ebbe sempre dinanzi il quadro clinico della nevrosi, l'atti-

[1] Freud, *L'uomo Mosè e la religione monoteistica: tre saggi* (1934-38) [trad. it. (Boringhieri, Torino 1977)].

tudine psichica, cioè, che rende malato il malato e continua a impedirgli di guarire. Chi ha un siffatto quadro dinanzi agli occhi vede l'imperfezione ovunque, e per quanto gli ripugni non può che mettere in risalto ciò che il demone del quadro ossessivo lo costringe a vedere: il punto debole, la brama inconfessata, il risentimento nascosto, l'appagamento – illegittimo, segreto, deformato dalla censura – dei desideri. Il nevrotico è malato proprio perché se *tra l'altro* anche tali cose agitano la sua psiche, il suo inconscio sembra non conoscere contenuti diversi da quelli che la coscienza, per sue buone ragioni, ha rigettato. Da tutto il pensiero di Freud ridonda dunque su di noi un terribile e pessimistico "niente altro che". In esso non si apre mai uno spiraglio liberatore su forze soccorritrici, risanatrici che l'inconscio faccia giungere a beneficio del malato. Ogni posizione viene scalzata mediante la critica psicologica che riduce ogni cosa ai suoi elementi sfavorevoli e dubbi, o almeno insinua che tali elementi esistano. Simile posizione eminentemente negativa è peraltro indubbiamente giustificata di fronte alle inadeguatezze che la nevrosi origina in abbondanza. In tali casi, ma neppure sempre, è legittimo presumere oscuri retroscena. Ma non esiste malattia che non costituisca nel contempo un tentativo fallito di cura. Invece di fare apparire il malato come reo o complice occulto di desideri moralmente inammissibili, lo si dovrebbe presentare come vittima inconsapevole di problemi istintuali non capiti, per la comprensione dei quali nessuno, intorno, ha saputo dargli una mano. I suoi sogni, inoltre, potrebbero anche essere considerati come desideri della stessa natura, fuori della portata di ogni umana - troppo umana operazione di autoillusione quale quella che Freud pretende di cogliere nel processo onirico.

Quanto precede non vuol essere una critica delle ipotesi freudiane, bensì vuole mettere l'accento sul rilievo da dare al suo scetticismo, chiaramente condizionato dall'epoca, verso tutti o quasi tutti gli ideali del diciannovesimo secolo. Quel passato culturale, cioè, è il retroscena che accompagna inevitabilmente l'immagine di Freud. Egli pose il dito su più di una piaga, ché non tutto era oro, anche se luceva, nel diciannovesimo secolo, religione inclusa. Egli fu un grande distruttore. Il volgere del secolo offriva infinite occasioni di sovvertimento, e a realizzare il compito non bastò neppure un Nietzsche. A ciò che restava da fare pensò Freud, e con grande impegno. Egli destò una salutare sfiducia, e quindi indirettamente acuì il senso dei valori veri. Le nebbie che intorpidivano la mente della brava gente, che non riusciva più a capire il dogma del peccato originale, furono dissipate in gran parte da Freud. E quel poco che ne è rimasto è auspicabile che sia definitivamente spazzato via dalla barbarie del diciannovesimo secolo. Freud non fu un profeta; ma una figura profetica, sì. In lui come in Nietzsche si annuncia la gigantomachia dei nostri giorni, in cui inesorabilmente si vedrà se i nostri più alti valori sono veramente tali da non lasciar estinguere il loro splendore nelle onde dell'Acheronte. Il dubbio sulla nostra civiltà e i suoi valori è la nevrosi contemporanea. Se le nostre convinzioni fossero indubitabili, nessuno ne dubiterebbe. E non sarebbe molto plausibile ritenere i nostri ideali nient'altro che espressioni improprie di motivi di tutt'altro genere, da tenere saggiamente nascosti. Il volgere del diciannovesimo secolo ci ha però lasciato l'eredità di posizioni tanto incerte da rendere il dubbio non soltanto possibile, ma anzi giusto, e addirittura salutare. Non c'è infatti che il fuoco per purificare l'oro. Spesso Freud è anche stato paragonato al dentista che elimina i focolai delle carie distruggendoli con il trapano, nel modo meno piacevole. Il paragone resta valido, ma soltanto fino a quando si giunge all'otturazione con l'oro. La psicologia freudiana non offre surrogati per la sostanza perduta. Se poi la ragione critica ci insegna che sotto certi aspetti siamo infantili e irragionevoli, oppure che ogni aspettazione religiosa è illusione, che cosa potremmo più fare della nostra irragionevolezza, o che cosa sostituirà le nostre illusioni distrutte? Nell'infanzia la creatività esiste incondizionata, e l'illusione è una manifestazione vitale spontanea. Nessuna delle due, mai e poi mai, si lascerà reprimere o surrogare da ragionevolezza e opportunismo convenzionale.

La psicologia freudiana si muove entro gli angusti confini dei presupposti scientifici materialistici della fine del diciannovesimo secolo, senza mai avere indagato sulle loro premesse: ciò ovviamente a causa delle scarse conoscenze filosofiche del Maestro. Inevitabile fu dunque la sua caduta sotto l'influsso di pregiudizi e risentimenti dei luoghi e dei tempi suoi; fatto questo già sottolineato da vari critici. Il metodo psicologico di Freud è ed è sempre stato un farmaco per materiale guasto e degenerato quale si trova soprattutto nei nevrotici. È strumento da maneggiarsi dal medico, e diventa pericoloso e distruttivo, e nel migliore dei casi inservibile, se applicato a manifestazioni e necessità vitali naturali. Forse nel primo decennio una certa rigida unilateralità della teoria, sostenuta da un'intolleranza spesso fanatica, fu una necessità inevitabile; in seguito, quando alle nuove idee arrise ampio riconoscimento, essa diventò un neo; infine, come ogni intolleranza, generò il sospetto d'intima insicurezza. Del resto ognuno porta la fiaccola della conoscenza soltanto per un tratto di strada, e nessuno è immune da errore. Soltanto il dubbio è padre della verità scientifica. Chi combatte il dogma nel più elevato senso del termine cade facilmente, tragicamente, sotto la schiavitù di una verità parziale. Tutti coloro che hanno seguito e condiviso la sorte di questo grand'uomo hanno costatato come un simile destino si sia pian piano compiuto nella sua vita e abbia progressivamente ristretto l'orizzonte del suo discernimento.

Nel corso di un'amicizia personale che per anni mi ha legato a lui, mi fu accordato di gettare uno sguardo profondo nell'anima di quest'uomo particolare: egli era un "posseduto ", cioè uno della cui anima aveva preso possesso la potenza di un'illuminazione che soggioga e più non abbandona. Fu l'incontro con Charcot a destare in lui quella prima immagine dell'anima preda d'un demone, e a innescare quell'appassionata brama di conoscenza che doveva dischiudergli un mondo nelle tenebre. Egli sentì di possedere la chiave dei cupi abissi dell'anima posseduta. E quanto era apparso come incubo demoniaco alla "ridicola superstizione" dei tempi passati egli volle smascherarlo quale illusione, volle gettarne la maschera ai piedi del Maligno e trasformarlo in botolo innocuo: in una parola, ridurlo a "formula psicologica". Aveva fede nella potenza dell'intelletto; nessun orrore faustiano fece vacillare la *hybris* della sua impresa. Una volta mi disse: "Mi domando che cosa faranno i nevrotici in futuro, quando tutti i loro simboli saranno smascherati. La nevrosi sarà allora impossibile." Egli poneva ogni speranza nell'illuminismo; perciò uno dei suoi motti preferiti era il volteriano "écrasez l'infâme". Da simile pathos sorsero una mirabile conoscenza e un'altrettanto sorprendente comprensione del materiale psichico morboso, che egli fiutava tra cento larvate sembianze e con pazienza veramente illuminata sapeva estrarre da non meno numerose camuffate apparenze.

Il detto di Klages "lo spirito è nemico dell'anima" potrebbe definire il modo in cui Freud considerava l'anima posseduta. In ogni possibile occasione egli spodestò lo "spirito" quale usurpatore e agente della rimozione, riducendolo a "formula psicologica". Il suo "niente altro che" corrispondeva a tale "spirito". Una volta, nel corso di una conversazione risolutiva, tentai di fargli capire il "probare spiritus si ex Deo sint".[2] Fatica sprecata. Così al destino non rimase che compiere il suo corso. È possibile cadere vittima di un attacco possessivo, se non si capisce in tempo per quale ragione ha avuto luogo.

[2] [*I Giovanni* 4.1: "Mettete alla prova le ispirazioni, per saggiare se provengono veramente da Dio."]

Almeno una volta ci si dovrebbe chiedere: perché quel pensiero è entrato in me in tal modo? Che cosa significa, in rapporto a me stesso? Umile interrogativo per proteggerci dal cadere inesorabilmente preda delle nostre idee e sparire per sempre.

La "formula psicologica" è surrogato soltanto apparente di quella vitalità demoniaca che provoca la nevrosi. In realtà soltanto lo "spirito" può scacciare gli "spiriti"; non l'intelletto, che nel migliore dei casi non vale più di un faustiano "famulus" Wagner, inadatto perciò al ruolo di esorcista.

PSICOLOGIA DELL'INCONSCIO

1917/1943

1. *La psicoanalisi*

Il medico, il cosiddetto "specialista in malattie nervose", deve possedere delle conoscenze psicologiche se vuole aiutare i suoi pazienti: perché i disturbi nervosi, e tutto ciò che viene definito "nervosismo ", isteria ecc., nasce dalla psiche ed esige logicamente una cura psichica. L'acqua fredda, la luce, l'aria, l'elettricità e via dicendo possono avere un effetto temporaneo; talvolta però anche questo effetto manca. La malattia di cui soffre il paziente è nella psiche, e precisamente nelle sue funzioni più elevate e più complesse, tanto che quasi non osiamo farle rientrare nell'ambito della medicina. In questi casi il medico dev'essere anche uno psicologo, vale a dire un conoscitore dell'anima umana.

Un tempo, quasi cinquant'anni or sono, la preparazione psicologica del medico lasciava ancora assai a desiderare. I trattati di psichiatria sui quali egli si formava si limitavano esclusivamente alla descrizione clinica e alla classificazione delle malattie mentali, e la psicologia studiata nelle università era o filosofia o psicologia cosiddetta sperimentale, inaugurata da Wilhelm Wundt.[1] I primi passi per giungere a una psicoterapia delle nevrosi furono compiuti dalla scuola di Charcot alla Salpêtrière di Parigi: Pierre Janet iniziò le sue ricerche fondamentali sulla

[1] W. Wundt, *Grundzüge der physiologischen Psychologie* (5ª ed. riv., Lipsia 1902-03).

psicologia degli stati nevrotici, e Hippolyte Bernheim a Nancy aveva ripreso a praticare con grande successo la proposta di Liébeault – che era stata dimenticata – di curare le nevrosi per mezzo della suggestione.[2] Sigmund Freud, che nel 1888 tradusse il libro di Bernheim, ne trasse suggerimenti decisivi. Non esisteva ancora a quel tempo una psicologia delle nevrosi e delle psicosi. Spetta a Freud il merito immortale di aver posto le fondamenta di una psicologia delle nevrosi. La sua teoria derivò dall'esperienza acquisita nel trattamento pratico delle nevrosi, cioè dall'applicazione di un metodo che egli definì col nome di *psicoanalisi*.

Prima di addentrarci in una descrizione più approfondita della materia, dobbiamo premettere alcune considerazioni sulla posizione di questa nuova scienza rispetto alla scienza del tempo. E qui assistiamo a uno spettacolo singolarissimo, che conferma una volta ancora l'osservazione di Anatole France: *Les savants ne sont pas curieux*. Il primo lavoro di una certa importanza su questo argomento suscitò un'eco assai debole, benché proponesse un'interpretazione interamente nuova delle nevrosi.[3] Alcuni autori si espressero favorevolmente sulla nuova teoria, poi voltarono pagina e continuarono a descrivere alla vecchia maniera i loro bravi casi d'isteria. Si comportarono cioè pressappoco come chi ammette e loda l'idea o il fatto che la terra è rotonda, continuando poi tranquillamente a descriverla in forma di disco. Le pubblicazioni immediatamente successive di Freud passarono inavvertite, benché contenessero proprio nel settore della psichiatria osservazioni d'importanza incalcolabile. Quando Freud scrisse nel 1899 la

[2] P. Janet, *L'automatisme psychologique* (Parigi 1889); *Névroses et idées fixes* (Parigi 1898). H. Bernheim, *De la suggestion et de ses applications à la thérapeutique* (1886). A. A. Liébeault, *Du sommeil et des états analogues considérés au point de vue de l'action du moral sur le physique* (Parigi 1866).

[3] J. Breuer e Freud, *Studi sull'isteria* (1892-95).

prima vera psicologia del sogno[4] (anche in questo campo dominava prima la debita fitta oscurità) si cominciò a ridere, e quando egli intorno al 1905 prese a chiarire la psicologia della sessualità cominciarono gli insulti.[5] Questa dotta tempesta d'indignazione fu il motivo non ultimo per cui la psicologia di Freud venne a godere di una pubblicità assolutamente inusuale, di una notorietà che si estese ben oltre i confini dell'interesse scientifico.

Dobbiamo ora esaminare da vicino questa nuova psicologia. Fin dai tempi di Charcot era noto che il sintomo nevrotico è "psicogeno", ossia proviene dalla psiche. Si sapeva anche, grazie ai lavori della scuola di Nancy, che ogni sintomo isterico può essere prodotto mediante la suggestione. Così pure si conoscevano, grazie alle ricerche di Janet, le condizioni psicomeccaniche delle deficienze organiche dell'isteria: quali anestesie, paresi, paralisi e amnesie. Ciò che non si sapeva è *come nasce dalla psiche un sintomo isterico*; le connessioni causali psichiche erano completamente sconosciute. Negli anni immediatamente successivi al 1880 il dottor Josef Breuer, un vecchio medico generico viennese, fece una scoperta che segnò il vero e proprio inizio della nuova psicologia. Egli aveva una giovane paziente molto intelligente che soffriva d'isteria[6] e presentava tra gli altri i seguenti sintomi: una paralisi spastica (rigida) del braccio destro, saltuarie "assenze" o stati crepuscolari; aveva anche perso la parola, nel senso che non poteva più servirsi della propria lingua materna e riusciva a esprimersi soltanto in inglese (è la cosiddetta afasia sistematica). A quel tempo si cercava di spiegare questi disturbi con teorie anatomiche, benché le localizzazioni cerebrali della funzione del braccio non recassero maggiori tracce di disturbi di quante possa presentarne un

[4] Freud, *L'interpretazione dei sogni* (1899).

[5] Freud, *Tre saggi sulla teoria sessuale* (1905) [trad. it. in Biblioteca Boringhieri, N. 8].

[6] [È il famoso caso della signorina Anna O., descritto da Breuer nei citati *Studi sull'isteria*, e pubblicato nella Biblioteca Boringhieri, N. 1.]

uomo normale. La sintomatologia dell'isteria è piena di "impossibilità" anatomiche. Una signora che aveva perso completamente l'udito a causa di un'affezione isterica aveva l'abitudine di cantare. Un giorno, mentre cantava, il suo medico sedette inavvertito al pianoforte e incominciò ad accompagnarla in tono smorzato. A un tratto, nel passare da una strofa all'altra, il medico mutò improvvisamente tonalità, e la paziente senza avvedersene continuò a cantare nella nuova tonalità. Questa donna quindi "sente" e "non sente". Le diverse forme di cecità sistematica presentano fenomeni analoghi. Un uomo era affetto da cecità isterica completa. Nel corso del trattamento riacquistò il senso della vista, ma dapprima, e per lungo tempo, solo in misura parziale: vedeva tutto, a eccezione della testa della gente. Vedeva cioè tutte le persone del suo *entourage* senza testa. Quindi "vedeva" e "non vedeva". Un gran numero di esperienze del genere aveva portato a concludere che soltanto la coscienza dei malati non vede e non sente, ma per il resto la funzione sensoriale è intatta. Questo stato di fatto contrasta nettamente con la natura propria di un disturbo organico, che coinvolge sempre anche la funzione.

Torniamo, dopo questa digressione, al caso di Breuer. Il disturbo non presentava cause organiche; il caso andava quindi considerato isterico, cioè psicogeno. Breuer aveva notato che, ogni volta in cui lasciava che la paziente, in stati crepuscolari artificiali o spontanei, raccontasse tutte le reminiscenze e le fantasie che le si affollavano alla mente, la ragazza si sentiva più sollevata per qualche ora. Egli sfruttò metodicamente questa osservazione per proseguire la cura. La paziente trovò un nome a questo metodo: lo chiamava *talking cure* [in inglese: cura parlata] o anche, scherzosamente, *chimney sweeping* [spazzare il camino].

La paziente si era ammalata mentre assisteva il padre, ammalato mortalmente. Com'è comprensibile, le fantasie della paziente avevano per oggetto soprattutto questo periodo di tensione. Le reminiscenze di quel periodo riaffioravano con nitidezza fotografica durante gli stati crepuscolari della giovane, e con tale ricchezza e chiarezza di dettagli che si era costretti ad ammettere che la memoria desta non sarebbe mai stata in grado di riprodurli con tanta plasticità e tanta precisione. (Questo accrescimento della capacità mnemonica, che si verifica non di rado in stati di restrizione della coscienza, si chiama ipermnesia.) Ne venivano fuori cose singolari. Ecco uno dei molti racconti della ragazza:[7]

"Una volta si svegliò nella notte in grande angoscia al pensiero del malato con la febbre molto alta e nella tensione dell'attesa perché da Vienna doveva giungere un chirurgo per l'operazione. La madre si era allontanata per qualche tempo e Anna sedeva al letto del malato, il braccio *destro* appoggiato sullo schienale della sedia. Cadde in uno stato di dormiveglia e vide una biscia nera strisciare dalla parete avvicinandosi al malato per morderlo (è assai verosimile che nel prato dietro la casa ci fossero davvero delle bisce che avevano già in passato spaventato la fanciulla e che ora fornivano il materiale all'allucinazione). Essa voleva respingere la bestia, ma si sentì come paralizzata; il suo braccio destro, pendendo dallo schienale della sedia, si era 'addormentato', era diventato anestetico e paretico, e nell'osservarlo le dita le si trasformarono in serpentelli con tanti teschi (le unghie). È probabile che abbia cercato di scacciare le bisce con la mano destra, paralizzata, e che quindi l'anestesia e paralisi di questa si associassero con l'allucinazione dei serpenti. Quando la biscia scomparve, nel suo terrore cercò di pregare, ma ogni linguaggio le si rifiutava, non riusciva a parlare nessuna lingua, finché non trovò un versetto infantile inglese e poté allora pensare, e pregare, in tale idioma."

Questo fu l'episodio in cui avevano avuto origine la paralisi e il disturbo alla parola. Raccontando questa scena,

[7] [*Ibidem.*]

anche il disturbo scompariva. E il caso dev'essere stato guarito in questo modo.

Devo accontentarmi di riferire qui questo esempio. Nel libro citato di Breuer e Freud c'è una quantità di casi simili. È comprensibile che episodi di questo genere esercitino un enorme effetto e una grande impressione, e perciò si tende ad attribuire loro anche un significato di causa nell'insorgere del sintomo. La concezione allora dominante a proposito dell'isteria, ossia la teoria di origine inglese del *nervous shock*, energicamente appoggiata da Charcot, era adatta a chiarire la scoperta fatta da Breuer. Ne derivò la cosiddetta teoria del trauma, la quale afferma che il sintomo isterico e, nella misura in cui i sintomi costituiscono la malattia, l'isteria in genere provengono da traumi psichici, la cui impressione perdura inconsciamente per anni e anni. Freud, che in un primo tempo collaborò con Breuer, riuscì a trovare parecchie conferme a questa scoperta. Il risultato fu che nessuno delle centinaia di sintomi isterici diversi nasce per caso, ma è sempre causato da eventi psichici. Questo modo nuovo di vedere il fenomeno isterico apriva un vasto campo al lavoro empirico. Freud però, col suo spirito di ricercatore, non poteva fermarsi a lungo in superficie; problemi più profondi e difficili stavano già affiorando. È ovvio che momenti d'intensa angoscia come quelli vissuti dalla paziente di Breuer possono lasciare un'impressione durevole. Ma come avvenne che la paziente vivesse momenti simili, che recano già una chiara impronta di morbosità? Erano state le cure estenuanti prestate al padre ammalato a provocare questo effetto? Se così fosse, casi analoghi dovrebbero prodursi molto più spesso: i malati che richiedono cure estenuanti sono purtroppo numerosi, e la salute nervosa di chi li assiste non è sempre perfetta. La medicina ha una risposta eccellente a questo dilemma. Si dice: "L'incognita del problema è la predisposizione." Esiste cioè una predisposizione a queste cose. Ma l'interrogativo di Freud era: in che consiste la predisposizione? Porsi il problema in questo modo implica logicamente un'indagine sulla preistoria del trauma psichico. Accade spesso di costatare che fatti sconvolgenti hanno un effetto completamente diverso sulle varie persone coinvolte; o che vi sono cose indifferenti, se non addirittura gradevoli, per una persona, che ispirano la massima ripugnanza in un'altra: basta pensare alle rane, ai serpenti, ai topi, ai gatti ecc. Vi sono donne che assistono tranquillamente a operazioni cruente e si mettono a tremare come foglie dalla paura e dal ribrezzo quando toccano un gatto.

Conosco il caso di una giovane donna che soffriva di una grave isteria in seguito a un improvviso spavento. Una sera era stata in società; verso mezzanotte stava tornando a casa in compagnia di conoscenti quando improvvisamente una carrozza sopraggiunse alle loro spalle a rapido trotto. Gli amici della donna si scansarono ma questa, paralizzata dal terrore, restò in mezzo alla strada e si mise a correre davanti ai cavalli. Il cocchiere schioccava la frusta e imprecava: inutilmente. La donna fece di corsa tutta la strada che portava a un ponte. Qui le forze l'abbandonarono e per non cadere sotto i cavalli voleva gettarsi, in preda alla disperazione, nel fiume sottostante, ma alcuni passanti riuscirono a impedirglielo. Questa stessa donna era a Pietroburgo nella sanguinosa giornata del 22 gennaio 1905 e si trovò casualmente in una strada che le truppe stavano "ripulendo" con salve di fucileria. A lato della donna la gente cadeva a terra morta o ferita; essa invece, perfettamente calma e presente a sé stessa, intravide una porta che conduceva in un'altra strada, e si mise in salvo. Questi terribili momenti non le causarono alcun disturbo: dopo quell'avventura si sentì benissimo, anzi addirittura meglio del solito.

Accade spesso di osservare un comportamento sostanzialmente analogo. La conclusione inevitabile è che l'intensità di un trauma ha evidentemente di per sé scarsa importanza patogena, ma deve avere un'importanza particolare per il paziente. Ciò significa che lo choc in sé stesso non ha sempre un effetto morboso, ma deve, per agire, imbattersi in una particolare disposizione psichica, consistente a volte nel fatto che il paziente attribuisce inconsciamente allo choc un significato particolare. Quand'è così, abbiamo in mano la chiave che permette di svelare il segreto della disposizione. Dobbiamo quindi domandarci: quali sono le circostanze particolari che entrano in gioco nell'episodio della carrozza? La paura ebbe inizio quando la donna sentì avvicinarsi i cavalli alle spalle. Per un attimo ebbe l'impressione che questo significasse una tragica svolta del destino, la propria morte o qualche altro evento terribile; poi perse completamente il controllo di sé.

L'elemento decisivo sono apparentemente i cavalli. La predisposizione della paziente a reagire a questo fatto insignificante in maniera tanto incontrollata dovrebbe quindi risiedere in un particolare significato che essa attribuisce ai cavalli. Bisognerebbe supporre, per esempio, che essa abbia vissuto in passato una qualche avventura pericolosa con i cavalli. L'ipotesi è esatta: quando aveva circa sette anni, la nostra paziente stava facendo una passeggiata in carrozza col cocchiere quando i cavalli s'imbizzarrirono e, abbandonandosi a una corsa sfrenata, si avvicinarono alla sponda ripida di un fiume che scorreva assai incassato. Il cocchiere balzò dalla carrozza e le gridò di fare altrettanto, ma lei, nel timore di morire, non sapeva decidersi. Comunque balzò giù all'ultimo momento, mentre i cavalli andarono a sfracellarsi con la carrozza nell'abisso. Non è il caso di sottolineare che un'avventura del genere lascia uno strascico d'impressioni profonde. Tuttavia non spiega perché mai, a distanza di anni, un evento del tutto innocuo che ricordava appena una situazione analoga abbia provocato una reazione così sproporzionata. Fino a questo momento le nostre conoscenze si limitano qui: il sintomo, affiorato successivamente, aveva avuto un preludio nella fanciullezza. Ciò che esso cela di patologico resta però oscuro. Per penetrare in questo mistero bisogna saperne di più. Via via che l'esperienza cresceva, si era rilevato che in tutti i casi analizzati fino a quel momento esisteva, oltre agli episodi traumatici verificatisi nella vita del paziente, anche un tipo particolare di disturbi che riguardano la sfera dell'erotismo, L'"amore", com'è noto, è un concetto estensibile che abbraccia cielo e inferno, bene e male, ciò che è sublime e ciò che è infimo. Questa costatazione provocò un mutamento repentino e assai importante nella concezione di Freud. Se prima, procedendo più o meno nell'ambito della teoria traumatica di Breuer, aveva cercato la causa della nevrosi negli eventi traumatici, ora il baricentro del problema si spostò in tutt'altra direzione. L'esempio migliore può essere fornito dal nostro caso. Abbiamo capito che nella vita della paziente i cavalli possono ben avere un'importanza particolare; quel che non comprendiamo è la reazione che si verifica a distanza di anni, così esagerata e incontrollata. L'elemento morbosamente strano di questa storia sta nel fatto che i cavalli davanti ai quali la donna s'impaurisce sono innocui. Se a questo punto ci torna alla mente che spesso, accanto a episodi traumatici, c'è anche un disturbo nella sfera dell'erotismo, nel nostro caso dovremmo indagare se non vi sia qualcosa di strano nell'ambito erotico.

La donna conosce un giovane col quale pensa di fidanzarsi: lo ama e spera che la farà felice. Non c'è altro da scoprire, almeno in un primo tempo. L'indagatore però non deve lasciarsi scoraggiare quando un primo interrogatorio superficiale abbia dato esito negativo. Quando la via diretta non serve, si ricorre a vie indirette. Torniamo perciò a quel momento eccezionale in cui la donna prese la fuga davanti ai cavalli. Le chiediamo notizie sui presenti alla serata, e qual era il motivo della riunione alla quale la nostra paziente aveva partecipato. Era una cena d'addio per la sua migliore amica la quale, a causa del temperamento "nervoso", stava per recarsi all'estero in una stazione di cura, per un periodo piuttosto lungo.

L'amica è sposata e, a quanto sentiamo, felice; ha anche un bambino. Dobbiamo diffidare dell'affermazione che questa donna è felice: se lo fosse, non avrebbe presumibilmente alcun motivo di essere nervosa e bisognosa di cure. Passando a un altro argomento, venni a sapere che la paziente, quando fu raggiunta dai suoi conoscenti, fu poi condotta in casa del suo ospite di poco prima, perché era questo il miglior modo di trovarle una sistemazione a quell'ora tarda della notte. La donna quindi, distrutta com'era, fu accolta amichevolmente. A questo punto la paziente interruppe il racconto, diventò pensosa e smarrita e cercò di cambiare argomento. Evidentemente un qualche ricordo sgradevole era riaffiorato all'improvviso. Quando fui riuscito a vincere le accanite resistenze della malata, venne fuori che in quella notte era successo un altro episodio molto singolare. Il cortese ospite le aveva fatto un'infuocata dichiarazione d'amore, e la situazione che ne risultò, dato che la padrona di casa era ormai partita, può essere considerata piuttosto difficile e scabrosa. In apparenza questa dichiarazione d'amore sorprese la donna come un fulmine a ciel sereno. Ma di solito storie di questo genere hanno sempre una preistoria. Il lavoro del medico nelle settimane seguenti consistette quindi nel disseppellire a poco a poco tutta una storia d'amore, finché ne risultò un quadro complessivo che cercherò di sintetizzare qui nei suoi tratti generali.

Da bambina la paziente era stata quel che si dice un maschiaccio, amava soltanto i giochi più sfrenati che praticano i ragazzi, prendeva in giro le ragazzine e rifuggiva da ogni atteggiamento e occupazione femminile. Dopo la pubertà, quando il problema erotico avrebbe dovuto farsi più pressante, incominciò a fuggire la compagnia, odiava e disprezzava tutto ciò che le ricordava anche da lontano il destino biologico dell'uomo e viveva in un mondo di fantasie completamente staccato dalla realtà. Fino all'età di circa ventiquattro anni evitò così tutte quelle piccole avventure, speranze e attese che di regola animano una donna in questo periodo dell'esistenza. Poi però fece conoscenza con due uomini i quali erano destinati a fare una breccia nella siepe spinosa che la donna si era lasciata crescere intorno. Il signor A. era il marito di quella che era allora la sua migliore amica; il signor B. era l'amico, scapolo, del signor A. Entrambi gli uomini le piacevano. Tuttavia essa ebbe presto l'impressione di preferire nettamente il signor B. Di conseguenza nacque presto un rapporto di confidenza tra la donna e il signor B., tanto che si parlava già della possibilità di un fidanzamento. Grazie al suo rapporto col signor B. e alla sua amica, la paziente si trovava spesso in contatto col signor A., la cui presenza la rendeva spesso inspiegabilmente eccitata e nervosa. In quest'epoca la donna partecipò a una grande riunione mondana. Anche i suoi conoscenti erano tra gli invitati. La giovane era immersa nei suoi pensieri e giocava trasognata col suo anello, quando questo improvvisamente le sfuggì di mano e rotolò sotto il tavolo. I due uomini si misero a cercarlo, e fu il signor B. a trovarlo. Con un sorriso allusivo glielo infilò al dito e disse: "Lei sa che cosa significa questo!" La donna fu presa da un sentimento strano, irresistibile: si strappò l'anello dal dito e lo gettò dalla finestra, che era aperta. Ne nacque evidentemente una situazione imbarazzante, e la donna, profondamente depressa, abbandonò presto la riunione. Poco dopo il cosiddetto caso fece sì che essa trascorresse le vacanze estive in una località di cura in cui si trovavano anche il signore e la signora A. Fu allora che la signora A. cominciò a diventare visibilmente nervosa, il che la costringeva spesso a restarsene in casa. La paziente poteva quindi andare a passeggio sola col signor A. Un giorno decisero di fare una gita in barca, su una piccola imbarcazione. La donna era molto allegra, eccitata, e d'improvviso cadde fuori dell'imbarcazione. Il signor A. riuscì a salvarla con molta fatica – la donna non sapeva nuotare – e la tirò in barca semisvenuta. A questo punto la baciò.

Dopo questo episodio romanzesco le fila del gioco erano saldamente intrecciate. Ma la paziente s'interdisse di prendere coscienza della profondità di questa passione, evidentemente perché era abituata da sempre a sorvolare su impressioni del genere o, meglio, a rifuggirne. Per convincere sé stessa accelerò ancor più il fidanzamento col signor B. e si persuadeva giorno dopo giorno di amarlo realmente. Questo strano gioco non era ovviamente sfuggito allo sguardo acuto della gelosia femminile. La signora A., l'amica, aveva intuìto il mistero e si tormentava: il suo nervosismo di conseguenza crebbe, fin quando si rese necessaria la sua partenza per una casa di cura all'estero. Durante la festa d'addio lo spirito maligno si rivolse alla nostra paziente e le sussurrò: "Stanotte egli sarà solo. Bisogna che ti succeda qualcosa che ti permetta di venire a casa sua." E questo qualcosa accadde: essa si comportò in modo così straordinario, che riuscì a tornare in casa dell'uomo e ottenne ciò che aveva cercato.

Dopo questo chiarimento, chiunque sarà pronto ad ammettere che soltanto una finezza diabolica può escogitare e mettere in moto una tale concatenazione di circostanze. Quanto alla finezza non c'è che dire: è indubitabile. Ciò che è dubbio è la valutazione morale che si può darne, perché devo sottolineare energicamente che la paziente non era assolutamente consapevole dei motivi di questa drammatica messa in scena. La storia le era capitata apparentemente per caso, senza che lei si rendesse conto di un qualsiasi motivo. Tutta la preistoria di questa vicenda però lascia intendere con chiarezza che tutto era orientato inconsciamente a questo scopo, mentre la coscienza si affannava a favorire il fidanzamento col signor B. La costrizione inconscia a percorrere l'altra strada era stata più forte.

Torniamo ora alle nostre considerazioni iniziali, vale a dire al problema: donde proviene l'elemento patologico (o straordinario, eccessivo) della reazione al trauma? In base a un assioma derivato da altre esperienze, abbiamo avanzato l'ipotesi che anche nel caso in questione esista, oltre al trauma, un disturbo nella sfera dell'erotismo. Questa supposizione è stata pienamente confermata, e abbiamo quindi appreso che il trauma, che in apparenza è la causa della malattia, non è altro che un pretesto, un'occasione in cui si manifesta qualcosa di cui prima non si aveva coscienza, e precisamente un importante conflitto erotico. Il trauma perde con ciò la sua importanza esclusiva, e cede il posto a una concezione assai più profonda e più vasta, che concepisce l'agente patogeno come un conflitto erotico.

Si sente spesso chiedere: e perché mai il conflitto erotico dev'essere la causa della nevrosi, e non invece un qualche altro tipo di conflitto? La risposta è: nessuno dice che dev'essere così; ma risulta che spesso le cose stanno così. Nonostante tutte le indignate assicurazioni in contrario, l'amore,[8] i suoi problemi e i suoi conflitti hanno un'importanza fondamentale per la vita dell'uomo: anzi, come emerge sempre da un'indagine accurata, la sua importanza è di gran lunga maggiore di quanto l'individuo supponga.

Si è quindi rinunciato alla teoria del trauma perché antiquata e superata: se la radice della nevrosi non è il trauma, bensì un conflitto erotico nascosto, il trauma perde il suo significato di causa.[9]

2. *La teoria dell'Eros*

Con il caso descritto nel capitolo precedente il problema del trauma riceveva una soluzione inattesa. Ma il ricercatore si trovava per contro di fronte al problema

[8] L'amore inteso nel senso ampio che gli compete naturalmente, e che non abbraccia soltanto la sessualità. Non è detto con ciò che l'erotismo e i suoi disturbi siano l'unica fonte della nevrosi. Il disturbo nella sfera amorosa può essere di natura secondaria e condizionato da cause più profonde. Esistono altre possibilità ancora capaci di causare una nevrosi.

[9] Un'eccezione è rappresentata dalle vere e proprie nevrosi da choc, come lo choc da granate, *railway spine* ecc.

del conflitto erotico, un conflitto che, come mostra il nostro esempio, contiene numerosi elementi abnormi e perciò non si può paragonare neppure per un momento con un conflitto erotico consueto. Il fatto più vistoso e quasi incredibile è che soltanto l'apparenza è cosciente, mentre la vera passione della paziente rimane nascosta. In questo caso tuttavia è innegabile che il rapporto reale era avvolto nell'oscurità, e che il campo visivo della coscienza era dominato dal rapporto apparente. Se proviamo a formulare teoricamente questa circostanza, ne risulta all'incirca questa enunciazione: *nella nevrosi sono presenti due tendenze nettamente opposte, una delle quali è inconscia.* Questo assioma è formulato volutamente in maniera molto generale: perché vorrei con ciò mettere in rilievo che il conflitto di cui è vittima il paziente rappresenta sì un momento personale, ma è anche al tempo stesso un conflitto dell'umanità che si manifesta nell'individuo. La mancata unità con sé stesso è un contrassegno dell'uomo civilizzato. Il nevrotico non è che un caso particolare di questa mancata unità che dovrebbe compendiare natura e civiltà.

Com'è noto, il processo di civilizzazione consiste in una progressiva sottomissione della componente animale presente nell'uomo. È un processo di addomesticamento che non può essere realizzato senza ribellioni della natura animale, avida di libertà. Di quando in quando l'umanità, che si va piegando sotto il giogo della civilizzazione, è percorsa da una ventata di ebbrezza: l'antichità ce ne ha lasciato traccia nell'ondata di orge dionisiache prorompenti dall'Oriente, che divennero una componente essenziale e caratteristica della civiltà antica. Lo spirito di queste orge dionisiache contribuì non poco a spingere verso l'ascesi l'ideale stoico, predominante in numerose sètte e scuole filosofiche dell'ultimo secolo prima di Cristo, e a far emergere dal caos politeistico di quei tempi le religioni ascetiche di Mithra e di Cristo. In Occidente l'umanità conobbe una seconda ondata di anelito dionisiaco verso la libertà all'epoca del Rinascimento. È difficile giudicare il proprio tempo. Uno dei tanti problemi rivoluzionari emersi nell'ultimo mezzo secolo era il "problema sessuale", che diede vita a un vero e proprio genere letterario. In questo "movimento" sono rintracciabili anche le radici prime della psicoanalisi, la cui formulazione teorica fu influenzata non poco, in maniera unilaterale, proprio da questa sua origine. Nessuno è totalmente indipendente dalle correnti contemporanee. In seguito il "problema sessuale" è stato spinto sempre più in secondo piano da problemi politici e ideologici. Ciò non muta per niente però il fatto fondamentale che la natura istintuale dell'uomo si ritrova costantemente a urtare contro le limitazioni imposte dalla civiltà. Questi ostacoli cambiano nome di volta in volta, ma il fatto resta lo stesso. Oggi sappiamo pure che non è sempre la nostra natura istintuale e animale che non sa fondersi con le costrizioni della civiltà: spesso sono anche nuove idee che emergono dall'inconscio e si trovano a loro volta in dissidio con la civiltà dominante, così come accade agli istinti. Si potrebbe oggi tratteggiare facilmente, per esempio, una teoria politica della nevrosi, perché l'uomo odierno sguazza principalmente nelle passioni politiche, delle quali il "problema sessuale" è stato soltanto un preludio di scarso rilievo. Forse finirà col risultare che la passione politica è semplicemente l'elemento precursore di una scossa religiosa molto più profonda. Senza esserne consapevole, il nevrotico partecipa alle correnti dominanti del suo tempo e le rispecchia nel suo conflitto personale.

La nevrosi è legata strettamente al problema del tempo e rappresenta propriamente un tentativo fallito dell'individuo di risolvere in sé medesimo il problema generale. La nevrosi è una frattura con sé stessi. La causa di questa frattura deriva, nella maggior parte degli uomini, dal fatto che la coscienza vorrebbe tener fede al suo ideale morale, mentre l'inconscio tende verso un proprio ideale immorale (almeno nel momento attuale) che la coscienza vorrebbe rinnegare. Questa specie di uomini sono coloro che vorrebbero essere più onesti e rispettabili di quanto in fondo sono. Ma il conflitto può essere anche capovolto: vi sono uomini, all'apparenza assai immorali, che non esercitano la minima violenza su sé stessi; in sostanza però si tratta qui di una posa, di un'immoralità fittizia che cela alla base il lato morale piombato nell'inconscio, così come negli uomini morali si cela nell'inconscio la loro natura immorale. (Bisogna perciò evitare per quanto è possibile di cadere negli estremi, che destano sempre il sospetto che si tratti appunto dell'opposto.)

Questa spiegazione di ordine generale era necessaria per rendere un po' più comprensibile il concetto di "conflitto erotico". Da questo punto in poi passiamo a discutere, da un lato, la tecnica psicoanalitica, e dall'altro il problema della terapia.

Il problema che questa tecnica vuol risolvere è il seguente: qual è la strada più breve — ma anche la migliore — per conoscere gli eventi inconsci che si verificano nel paziente? Il metodo originario era quello dell'ipnosi, ossia: interrogatorio minuzioso mentre il paziente è in stato di concentrazione ipnotica, oppure produzione spontanea di fantasie da parte del paziente (sempre in stato ipnotico). Questo metodo è ancora impiegato occasionalmente, ma in confronto con la tecnica attuale è primitivo e spesso insufficiente. Un secondo metodo è quello messo a punto dalla Clinica psichiatrica di Zurigo: il cosiddetto *metodo associativo*.[10] Questo metodo rivela in maniera esatta la presenza di conflitti in forma dei cosiddetti *complessi* di rappresentazioni dalla comune tonalità emotiva, che si manifestano attraverso tipici "disturbi" dell'esperimento.[11] Il metodo più importante per raggiungere la conoscenza dei conflitti patogeni però

[10] Vedi i miei "Diagnostische Assoziationsstudien" del 1906-09.
[11] Jung, *Considerazioni generali sulla teoria dei complessi* (1934).

è, come Freud ha dimostrato per primo, l'analisi dei sogni.

Potremmo dire a proposito del sogno: la pietra scartata dai costruttori è diventata la pietra angolare. Soltanto in epoca moderna, però, il sogno, questo prodotto fuggevole e in apparenza trascurabile della nostra psiche, è stato oggetto di un radicale disprezzo. Un tempo esso era considerato un monito del destino, inviato per mettere in guardia e per confortare, quasi un messo degli dèi. Oggi noi lo utilizziamo come un rivelatore dell'inconscio: esso deve lasciarci intravedere i segreti celati alla coscienza, e lo fa con stupefacente completezza. Il "sogno manifesto", ossia il sogno quale noi lo ricordiamo, è secondo la concezione di Freud una facciata che dapprima non lascia indovinare nulla di ciò che accade all'interno della casa, e anzi lo nasconde con estrema cura mediante la cosiddetta "censura onirica". Se noi, applicando determinate regole tecniche, interroghiamo il sognatore sui singoli particolari del suo sogno, ci accorgiamo presto che le sue associazioni si orientano in una determinata direzione e si accentrano su determinati argomenti di estrema rilevanza per la persona che sogna. Ne trapela un senso che a prima vista non si sarebbe mai supposto, il quale però – come è dimostrabile attraverso un accurato lavoro di comparazione – si trova in un rapporto estremamente sottile e preciso fin nei minimi dettagli con la "facciata" del sogno. Questo particolare complesso di pensieri, in cui si riuniscono tutti i fili del sogno, è il conflitto che andiamo cercando, che si presenta in una determinata variazione, condizionata dalle circostanze. Il lato penoso e incompatibile del conflitto è ricoperto o dissolto in modo tale, secondo il parere di Freud, che si può parlare di un "appagamento di desiderio". Sono rari però i casi in cui l'appagamento riguarda desideri palesi, come nei sogni che coinvolgono stimoli somatici: per esempio la sensazione di appetito percepita nel sonno, dove il desiderio di mangiare viene appagato sognando un lauto pasto. Anche il pensiero pressante di doversi alzare immediatamente, che si oppone alla voglia di continuare a dormire, provoca l'impressione onirica — di appagamento appunto — di essere già in piedi e così via. Ma non tutti i sogni hanno una natura così semplice; al contrario. Secondo Freud esistono anche desideri inconsci, la cui natura è incompatibile con le rappresentazioni della coscienza desta. Esistono desideri penosi che preferiamo non confessarci, e sono proprio quelli che Freud considera la vera e propria radice del sogno. Succede, per esempio, che una ragazza ami teneramente sua madre; però sogna che, con suo immenso dolore, la madre è morta. Secondo la concezione di Freud è presente nella ragazza, senza che essa ne abbia coscienza, il desiderio estremamente penoso che la madre, verso la quale nutre una misteriosa opposizione, possa sparire al più presto dal mondo. Velleità del genere affiorano anche nella più irreprensibile delle figlie, la quale li respingerebbe nel modo più reciso se si volesse indurla ad ammetterli. In apparenza il sogno manifesto non contiene un appagamento di desideri, ma piuttosto un timore o una preoccupazione, vale a dire l'esatto contrario del supposto impulso inconscio. È ben noto però che una preoccupazione eccessiva lascia supporre spesso e con ragione che si tratti esattamente dell'opposto. (Il lettore dotato di senso critico si domanderà tuttavia: la preoccupazione manifesta nel sogno è davvero eccessiva?) Sono innumerevoli i sogni che non presentano traccia apparente di appagamento di desideri. Il conflitto elaborato nel sogno è inconscio: ugualmente inconscio è il tentativo di soluzione che ne risulta. La nostra sognatrice ha realmente la tendenza ad allontanare la madre; espresso nel linguaggio dell'inconscio, questo allontanamento significa: morte. Non possiamo tuttavia considerarla responsabile di questa tendenza perché, a ben vedere, non è lei ma l'inconscio che produce il sogno. È l'inconscio che ha la tendenza, inaspettata per la paziente, di allontanare la madre. Proprio il fatto che essa abbia questo sogno dimostra che non lo pensa coscientemente. Essa non capisce perché la madre dovrebbe venire allontanata. Ora noi sappiamo che un determinato strato dell'inconscio contiene tutte le reminiscenze che sono andate perdute ai fini del ricordo cosciente e tutti gli impulsi istintuali infantili che non hanno potuto trovare sfogo nella vita adulta. Possiamo dire che la maggior parte di ciò che ci proviene dall'inconscio ha carattere anzitutto infantile: come il desiderio che si esprime con tanto candore nelle parole: "Non è vero, papà, che se la mamma muore tu mi sposerai?" Questa espressione infantile di desiderio surroga un altro recente desiderio di sposarsi, che però riesce penoso alla paziente per motivi che dobbiamo ancora appurare. Questo pensiero, o meglio la serietà dell'intenzione corrispondente, è – come si dice – "rimossa nell'inconscio", dove si deve esprimere necessariamente in maniera infantile, perché i materiali a disposizione dell'inconscio sono in gran parte reminiscenze infantili.

Nel sogno che stiamo considerando si tratta verosimilmente di un impulso di gelosia infantile. La donna che ha avuto il sogno è in certo modo innamorata del padre, e vorrebbe perciò eliminare la madre. Il suo vero conflitto però consiste nel fatto che essa da un lato vorrebbe sposarsi, dall'altro non può decidersi a compiere davvero questo passo: chi mai può dire come andranno le cose, se l'uomo è proprio quello giusto, eccetera. D'altra parte però vivere in una casa propria è anche bello, e se ci si dovesse separare dalla cara mammina ed essere adulta e indipendente...? La ragazza non si rende conto però che ormai il problema del matrimonio è penetrato seriamente in lei e non l'abbandona, e che essa non può più tornare ad aggrapparsi al padre e alla madre senza coinvolgere la famiglia con il problema che il destino le pone. Non è più la bambina di prima, è una donna che vorrebbe sposarsi. Il suo "ritorno" nell'ambito della famiglia è il ritorno di una donna che desidera l'uomo. Ma l'uomo nella famiglia è il padre, e su di lui si indirizza, all'insaputa della figlia, il desiderio che essa nutre di un uomo. Questo però è *incesto*. Ed ecco insorgere un intrigo incestuoso secondario. Freud suppone che la tendenza all'incesto ha carattere primario e che rappresenta il vero motivo per cui la ragazza non può risolversi al matrimonio; gli altri motivi addotti hanno poca importanza per lui. Contro questa concezione, io sostengo da lungo tempo che l'insorgere occasionale dell'incesto non dimostra affatto una sopravvivenza generale di una tendenza incestuosa, così come il fatto che esistono omicidi non prova l'esistenza di una bramosia omicida diffusa universalmente e causa di conflitti. Non mi spingerò certo fino a sostenere che non esistono propensioni ad ogni crimine in ogni individuo. Ma tra l'esistenza di un germe criminoso e un conflitto attuale, e una scissione della personalità basata su questo conflitto così come si presenta nella nevrosi, corre una cospicua differenza.

Se s'indaga attentamente la storia di una nevrosi, si trova infatti regolarmente un momento critico in cui è affiorato un problema al quale si voleva sfuggire. Questa fuga dal problema è una reazione altrettanto naturale e generale come la pigrizia, l'amore del proprio comodo, la vigliaccheria, l'ansietà, l'ignoranza e l'incoscienza che vi stanno alla base. Di fronte a qualcosa di sgradevole, difficile e pericoloso, quasi tutti esitano e cercano, nella misura del possibile, di non lasciarsi coinvolgere. Questi motivi per me sono sufficienti. La sintomatologia dell'incesto, che indubbiamente è presente e che Freud ha individuato esattamente, mi sembra un fenomeno secondario, già morboso.

Il sogno si occupa spesso di dettagli apparentemente insignificanti che gli danno un aspetto ridicolo, oppure è, visto dal di fuori, così incomprensibile da provocare in noi un estremo stupore, ed è questo il motivo per cui dobbiamo sempre superare una certa resistenza prima di metterci seriamente a sciogliere con paziente lavoro il groviglio intricato. Ma quando alla fine penetriamo il vero senso di un sogno ci troviamo al centro dei segreti di colui che ha avuto il sogno, e vediamo con stupore che anche un sogno apparentemente assurdo è pieno di significato, anzi esprime soltanto cose serie e importanti. Questa consapevolezza ci induce a un maggior rispetto verso la cosiddetta superstizione a proposito del significato dei sogni, che le attuali correnti razionalistiche non hanno degnato finora di alcuna considerazione.

Come dice Freud, l'analisi dei sogni è la *via regia* per giungere all'inconscio. L'analisi dei sogni conduce ai più profondi segreti della persona, e rappresenta quindi uno strumento impareggiabile nelle mani del medico e degli educatori della psiche.

Lo stesso metodo psicoanalitico, e non soltanto la psicoanalisi praticata specificamente da Freud, si compone in sostanza di numerose analisi dei sogni, perché nel corso del trattamento i sogni fanno emergere successivamente i contenuti dell'inconscio per esporli al potere disinnescante della luce: nel corso di questo processo succede anche di ricuperare qualche elemento prezioso che si credeva perduto. Stando così le cose, è logico che per molti uomini che si fanno false idee su sé stessi il trattamento sia da principio un supplizio. Seguendo l'antico assioma mistico "Lìberati da ciò che hai, e allora riceverai", essi devono infatti rinunciare a quasi tutte le loro illusioni più care per far emergere in sé qualcosa di più profondo, più bello, più comprensivo. Antichissime norme e verità ritornano alla luce nel corso della cura, ed è curioso soprattutto che al culmine della nostra attuale civiltà si dimostri necessario questo tipo di educazione psichica: un'educazione che va paragonata sotto più di un aspetto con la tecnica di Socrate, anche se l'analisi raggiunge profondità molto maggiori.

Freud e la sua scuola hanno cercato di dimostrare che il momento erotico, o sessuale, ha un'importanza assolutamente predominante nel sorgere del conflitto patogeno. Secondo questa teoria si verifica una collisione tra la tendenza della coscienza e il desiderio immorale, incompatibile, inconscio. Il desiderio inconscio è infantile, ossia è un desiderio che risale al passato infantile e non vuole più adeguarsi al presente: esso viene quindi rimosso, e precisamente per ragioni morali. Il nevrotico racchiude in sé l'anima di un *bambino*, che sopporta male limitazioni arbitrarie di cui non afferra il senso. Egli cerca sì di allinearsi con la morale, ma così facendo cade in conflitto con sé stesso: da un lato vuole reprimersi, dall'altro vuole liberarsi. Questa lotta è ciò che noi chiamiamo nevrosi. Se questo conflitto fosse cosciente in tutte le sue componenti, non ne deriverebbero probabilmente mai sintomi nevrotici, i quali sorgono soltanto quando non si riesce a vedere l'altra faccia della propria natura e l'urgenza dei suoi problemi. Solo a questa condizione sembra nascere il sintomo, che permette alla faccia non riconosciuta della psiche di esprimersi. Il sintomo è perciò – secondo Freud – un appagamento di desideri non riconosciuti i quali, se fossero coscienti, darebbero origine a un contrasto violento con le convinzioni morali. Come abbiamo detto, questo lato in ombra della psiche si sottrae alla coscienza. Il malato non può quindi venire a patti, migliorarlo, cercare una qualche intesa o rinunciarvi, perché in realtà gli impulsi istintuali inconsci non sono in suo potere. Rimossi dalla gerarchia della psiche conscia, essi sono diventati complessi autonomi, che l'analisi riporta sotto controllo soltanto dopo aver superato accanite resistenze. Vi sono pazienti che si gloriano proprio del fatto che il lato in ombra per essi non esiste; essi assicurano di non avere alcun conflitto; ma non vedono che la loro strada per contro è ingombra di altre cose di origine sconosciuta: umori isterici, vessazioni che essi impongono a sé e al prossimo, catarro nervoso allo stomaco, dolori qua e là, eccitabilità immotivata, e tutta la schiera dei sintomi nervosi.

Si è rimproverato alla psicoanalisi di Freud di liberare gli impulsi istintuali animaleschi rimossi (grazie al cielo!) e di provocare così, almeno potenzialmente, sciagure di portata imprevedibile. Un timore del genere mostra in realtà quanto labile sia la fiducia nell'efficacia degli odierni princìpi morali. Ci si comporta come se soltanto la morale *predicata* trattenesse l'uomo dalla più totale sfrenatezza; ma un elemento regolatore molto più efficace è la necessità, che pone limiti alla realtà assai più convincenti di tutti i princìpi morali. È vero che la psicoanalisi rende coscienti gli istinti animaleschi, ma non – come interpretano alcuni – per abbandonarli senz'altro a una sfrenata libertà, bensì per inserirli in una prospettiva densa di significato. In ogni circostanza è sempre un vantaggio poter disporre pienamente della propria personalità. In caso contrario i contenuti rimossi non fanno che riemergere altrove ostacolando il cammino: e riemergono non già in momenti insignificanti, ma proprio nei punti più sensibili. Se però gli uomini vengono educati a intendere chiaramente il lato in ombra della loro natura, è sperabile che possano comprendere meglio anche i loro simili e cominciare ad amarli. Meno ipocrisia e maggior conoscenza di sé non possono che agire beneficamente ai fini di una miglior considerazione del nostro prossimo; siamo anche troppo proclivi a trasferire sui nostri simili l'ingiustizia e la violenza a cui sottoponiamo la nostra natura.

Secondo la teoria freudiana della rimozione, sembra tuttavia che siano soltanto gli uomini *morali* quelli che reprimono la loro natura istintuale. L'uomo immorale, che lascia libero corso alla sua natura istintuale, dovrebbe di conseguenza essere perfettamente immune da nevrosi. Ovviamente non è così, come l'esperienza dimostra. L'uomo immorale può essere preda delle nevrosi esattamente come l'uomo morale. Se lo sottoponiamo ad analisi, scopriamo che in lui è stata rimossa semplicemente la morale. Quando l'immorale è nevrotico, egli offre, secondo la calzante formulazione di Nietzsche [in *Zarathustra*], l'immagine del "pallido delinquente" che non è all'altezza delle sue azioni.

Si potrebbe pensare che in un caso simile i residui rimossi di onestà morale non siano altro che convenzioni, infantili e tradizionali insieme, che hanno imposto alla natura istintuale freni superflui, così che andrebbero estirpati. Applicando il principio "*Ecrasez l'infâme!*", il punto d'arrivo sarebbe una teoria del tipo "Godiamoci la vita e basta", soluzione evidentemente irreale e assurda. Non bisogna mai dimenticare infatti – ed è un invito che va rivolto alla scuola freudiana – che la morale non è stata introdotta e imposta al popolo con le Tavole della Legge del Sinai: la morale è una funzione dell'anima umana, ed è vecchia quanto l'umanità. La morale non è imposta dal di fuori, ma vive a priori in noi stessi: non la legge, ma l'essenza morale, senza la quale la vita comune della società umana sarebbe impossibile. Per questo la morale si ritrova a tutti i gradini della società. È un regolatore istintivo delle azioni, che governa anche la vita comune del mondo animale. Le leggi morali però hanno valore soltanto all'interno di una comunità umana: fuori di questo gruppo la loro validità cessa, e vale allora il vecchio adagio: "*Homo homini lupus*". Via via che cresce la civiltà, è possibile assoggettare un numero sempre maggiore di uomini alla regola della medesima morale, ma non si è riusciti finora a estendere il dominio della legge morale anche al di là dei confini sociali, ossia nello spazio libero esistente fra più società, l'una autonoma rispetto all'altra. Qui impera, da tempi immemorabli, lo spregio del diritto e della disciplina e la più malvagia immoralità: ma è cosa che soltanto il nemico del momento proclama a gran voce.

I freudiani di stretta osservanza sono talmente persuasi della fondamentale, anzi esclusiva importanza della sessualità nella nevrosi, che ne hanno tratto le debite conseguenze, aggredendo coraggiosamente la morale sessuale contemporanea. Quest'azione è stata indubbiamente utile e necessaria, poiché su questo terreno dominavano e dominano ancora concezioni troppo indifferenziate rispetto a una situazione estremamente complessa. Come nel primo Medioevo le attività connesse col denaro erano considerate con disprezzo, perché non esisteva ancora una morale casuistica e differenziata che regolasse questo settore, ma esisteva soltanto una morale "complessiva", una morale "globale", così oggi abbiamo soltanto una morale sessuale anch'essa globale. Una ragazza che dà alla luce un figlio illegittimo è condannata, e nessuno sta a domandarsi se si tratta di una ragazza perbene oppure no. Una forma d'amore che non sia contemplata dalla legge è immorale, sia che nasca tra uomini degni sia che nasca tra mascalzoni. Ci si lascia ancora ipnotizzare dalla *cosa* e si dimentica il *modo*, ossia l'uomo nel suo agire, proprio come il Medioevo non riusciva a vedere, nel maneggio di denaro, se non l'oro splendente e avidamente desiderato, e quindi il diavolo.

Ma le cose non sono così semplici. L'erotismo è per sua natura ambiguo e lo sarà sempre, quale che sia l'atteggiamento che il legislatore può assumere in futuro su questo argomento. Esso appartiene da un lato all'originaria natura animale dell'uomo, la quale sopravvivrà fin quando l'uomo avrà un corpo animale; dall'altro lato l'erotismo è apparentato con le forme più alte dello spirito: ma fiorisce soltanto quando spirito e istinto trovano il giusto accordo. Se l'uno o l'altro aspetto manca, ne deriva un danno o perlomeno una unilateralità, uno squilibrio che degenera facilmente nel morboso. Un eccesso di animalità svisa l'uomo civilizzato, troppa civiltà crea animali ammalati. Questo dilemma mostra quale fonte d'insicurezza rappresenta l'erotismo nella vita dell'uomo. L'erotismo è in fondo una forza strapotente che, al pari della natura, si lascia sopraffare e sfruttare come se fosse impotente. Ma il trionfo sulla natura si paga sempre molto caro. La natura non ha bisogno di dichiarazioni di principio: si accontenta di pazienza e di saggia moderazione nei suoi confronti.

"Eros è un grande demone", dice la saggia Diotima a Socrate. È impossibile spuntarla con lui, o meglio soltanto a proprio danno. Non rappresenta tutta la natura che è in noi, ma è certo uno dei suoi aspetti principali. La teoria sessuale della nevrosi di Freud si fonda quindi su un principio vero e reale, ma pecca di unilateralità e di esclusivismo, e commette inoltre l'imprudenza di voler catturare un qualcosa d'inafferrabile come l'Eros con una grossolana terminologia sessuale. Freud è, anche sotto questo aspetto, un rappresentante tipico dell'epoca materialistica,[12] che sperava di risolvere una volta per tutte l'enigma del mondo in una provetta.

Lo stesso Freud ha riconosciuto, in età più avanzata, questo squilibrio esistente nella sua teoria, e ha opposto all'Eros, da lui definito "libido", l'*istinto* [o pulsione] *di distruzione* o *di morte*.[13] Nei suoi scritti postumi egli afferma:[14]

"Dopo molte esitazioni e oscillazioni ci siamo decisi ad ammettere soltanto due pulsioni fondamentali, l'*Eros* e la *pulsione di distruzione* [...] Meta della prima di queste due pulsioni è stabilire unità sempre più vaste e tenerle in vita: unire insieme dunque; meta dell'altra, al contrario, è dissolvere nessi e in questo modo distruggere le cose [...] Per questo l'abbiamo anche chiamata *pulsione di morte*."

Mi limito a questo accenno, senza approfondire oltre l'ambiguità di questa concezione. È sufficientemente chiaro che la vita, come ogni decorso, ha un principio e una fine, e che ogni inizio è anche l'inizio della fine. Ciò che Freud intende è, ridotto nei suoi termini essenziali, il fatto che ogni decorso è un fenomeno energetico, e che l'energia si sprigiona soltanto da una tensione tra opposti.

[12] Jung, *Sigmund Freud come fenomeno storico-culturale* (1932), incluso nel presente volume, a p. 27.

[13] Quest'idea risale in origine a una mia allieva, la dottoressa Sabina Spielrein, *Die Destruktion als Ursache des Werdens*, Jb. psychoanal. Forsch., vol. 4 (1912). Questo lavoro è citato da Freud, il quale introduce l'istinto di distruzione o di morte nel suo scritto *Al di là del principio di piacere* (1920) § 5.

[Il termine tedesco *Trieb* è qui sempre tradotto "istinto", ma, negli scritti di Freud, la versione oggi più comune è "pulsione".]

[14] Freud, *Compendio di psicoanalisi* (1938).

CRONOLOGIA

1875 Il 26 luglio a Kesswil, nel cantone svizzero di Turgovia, da Paul Jung, pastore protestante, e da Emilie Preiswerk nasce Carl Gustav Jung

1879 Dopo un soggiorno di tre anni a Laufen presso Sciaffusa, la famiglia si trasferisce in un sobborgo di Basilea

1886 Inizio degli studi secondari al ginnasio; difficoltà nei rapporti con i compagni; sintomi nevrotici poi superati; crisi religiosa; forte influenza della lettura di Schopenhauer e Goethe

1895 Supera l'esame di maturità e si iscrive alla facoltà di medicina dell'Università di Basilea

1896 Muore il padre ed egli diventa capofamiglia. Vive con madre e sorella nel villaggio di Binningen

1898 Dopo la scoperta di Nietzsche e dello *Zarathustra* comincia a interessarsi di spiritismo e sonnambulismo. Esperimenti con la giovane medium Helene Preiswerk, sua cugina

1900 Si laurea in medicina con una tesi, *Psicologia e patologia dei cosiddetti fenomeni occulti*, pubblicata nel 1902. Il suo interesse è ormai soprattutto rivolto alla psichiatria, per cui a fine anno inizia la sua nuova attività a Zurigo, presso l'ospedale psichiatrico Burghölzli diretto da Eugen Bleuler

1902 Frequenta il corso di lezioni tenuto da Pierre Janet alla Salpêtrière, il famoso ospedale psichiatrico di Parigi ove aveva insegnato Charcot, alle cui lezioni aveva assistito Freud

1903-05 Matrimonio con Emma Rauschenbach, che diventerà anche sua collaboratrice e applicherà i suoi metodi psicoterapeutici. Cominciano gli esperimenti con il reattivo di associazione verbale, su cui pubblicherà vari studi. Consegue la libera docenza e inizia corsi universitari alternati: sull'isteria nel semestre invernale e di psicoterapia nel semestre estivo

1904 Nasce la prima figlia, Agathe, cui seguiranno Anna (1906), Franz (1908), Marianne (1910) ed Emma (1914)

1906 Inizia la corrispondenza con Freud, che incontrerà personalmente per la prima volta a Vienna nel 1907, e la sua adesione alla psicoanalisi

1907 Partecipa al Congresso internazionale di psichiatria di Amsterdam parlando sull'isteria come portavoce di Freud. Esce *Psicologia della dementia praecox*, primo studio sulla psicologia del profondo

1909 Lascia il Burghölzli per dedicarsi all'attività psicoterapeutica e agli studi nella nuova casa di Küsnacht sul lago, presso Zurigo. Invitato con Freud ai festeggiamenti per i vent'anni della Clark University a Worcester, nel Massachusetts. Fino al 1913 ha una parte rilevante nel movimento psicoanalitico; diventa primo presidente dell'Associazione psicoanalitica internazionale e direttore dello «Jahrbuch für psychopathologische und psychoanalytische Forschungen»

1910 Dall'estate di quest'anno tiene all'Università di Zurigo un corso di lezioni dal titolo «Introduzione alla psicoanalisi»

1911-12 Dopo un periodo di reciproco entusiasmo, nel quale Freud vede in Jung il proprio successore, la linea junghiana comincia a divergere dalla dottrina del maestro viennese. La pubblicazione di *Trasformazioni e simboli della libido* conferma tale divergenza

1913 Relazione sulla psicoanalisi, contro Janet, al Congresso internazionale di medicina a Londra; dimissioni dall'Associazione psicoanalitica e dalla direzione dello «Jahrbuch»

1914 Rinuncia anche alla libera docenza e si ritira a Küsnacht, dove si dedica alla clientela privata. Inizia un periodo di «malattia creativa», che durerà fino al 1919, analogo al periodo dell'«autoanalisi» di Freud. Inizia la presa di contatto con l'inconscio e la riflessione sugli archetipi; definisce la propria dottrina «psicologia analitica», non più psicoanalisi

1917 Annuncia i primi risultati di questi nuovi studi in un libro che, dopo molte rielaborazioni, assumerà nel 1943 il titolo definitivo di *Psicologia dell'inconscio*

1920 Viaggio ad Algeri, Tunisi e in alcune parti del Sahara

1921 Pubblica *Tipi psicologici*

1923 Compera a Bollingen, al di là del lago, il terreno su cui farà costruire la torre dove trascorrerà vacanze e fine settimana e da cui prenderà il nome la fondazione che promoverà la pubblicazione di tutta l'opera junghiana in America

1924-26 Per approfondire la conoscenza dell'inconscio cerca contatti con i primitivi (viaggi nell'Arizona, nel Nuovo Messico e nel massiccio dell'Elgon)

1928 Esce in edizione definitiva *L'Io e l'inconscio* (prima stesura, 1916)

1930 È nominato presidente onorario della Società tedesca di psicoterapia, che dal 1933 sarà ricostituita in associazione internazionale e lo avrà come presidente

1932 Premio della città di Zurigo per la letteratura

1933-35 Tiene corsi di psicologia al Politecnico di Zurigo

1936 Riceve il titolo *ad honorem* di Doctor of Science dalla Harvard University

1937 Assiste allo storico incontro di Berlino tra Mussolini e Hitler ed è spinto a studiare le psicosi di massa e i pericoli che minacciano l'umanità. Viaggio in India e a Ceylon

1938-39 Riceve un dottorato onorario dall'Università di Oxford ed è eletto Honorary Fellow della Royal Society of Medicine di Londra

1943 Dall'Università di Basilea è nominato professore di psicologia medica, con incarico speciale per la psicoterapia; ma è costretto a dare quasi subito le dimissioni per motivi di salute

1944 Pubblica *Psicologia e alchimia*. Una frattura e un successivo infarto gli causano una perdita dei sensi durante la quale ha una «visione cosmica» che imprimerà una nuova direzione al suo pensiero, facendo di lui il «vecchio saggio di Küsnacht»

1945 Nominato dottore *honoris causa* dall'Università di Ginevra

1948 Fondazione del C. G. Jung-Institut a Zurigo, con lo scopo di continuare le ricerche nel campo della psicologia analitica e di addestrare gli allievi

1951-52 D'ora in poi s'interessa sempre più alla storia dei simboli filosofici, religiosi, alchimistici; pubblica *Aion* e gli importanti scritti sulla teoria della sincronicità

1955 Muore la moglie Emma

1955-58 Esce *Mysterium coniunctionis*, l'opera maggiore degli ultimi anni

1957 Inizia a scrivere i primi capitoli della propria biografia, di cui detterà il seguito ad Aniela Jaffé

1960 Per gli 85 anni riceve la cittadinanza onoraria di Küsnacht

1961 Il 6 giugno muore, dopo breve malattia, nella sua casa sul lago

Le edizioni Bollati Boringhieri degli scritti di Jung

1. *«Opere di C. G. Jung»*

È questa l'edizione italiana completa, condotta con criteri scientifici, di tutti gli scritti junghiani. Diamo qui di seguito il piano dell'opera:

1. Studi psichiatrici
(*pubblicato nel 1970*)

2*. L'associazione verbale negli individui normali
(*pubblicato nel 1984*)

2**. Ricerche sperimentali
(*pubblicato nel 1987*)

3. Psicogenesi delle malattie mentali
(*pubblicato nel 1971*)

4. Freud e la psicoanalisi
(*pubblicato nel 1973*)

5. Simboli della trasformazione
(*pubblicato nel 1970*)

6. Tipi psicologici
(*pubblicato nel 1969*)

7. Due testi di psicologia analitica
(*pubblicato nel 1983*)

8. La dinamica dell'inconscio
(*pubblicato nel 1976*)

9*. Gli archetipi e l'inconscio collettivo
(*pubblicato nel 1980*)

9**. Aion: ricerche sul simbolismo del Sé
(*pubblicato nel 1982*)

10*. Civiltà in transizione: Il periodo fra le due guerre
(*pubblicato nel 1985*)

10**. Civiltà in transizione: Dopo la catastrofe
(*pubblicato nel 1986*)

11. Psicologia e religione
(*pubblicato nel 1979*)

12. Psicologia e alchimia
(*pubblicato nel 1992*)

13. Studi sull'alchimia
(*pubblicato nel 1988*)

14*. Mysterium coniunctionis
(*pubblicato nel 1989*)

14**. Mysterium coniunctionis
(*pubblicato nel 1990*)

15. Psicoanalisi e psicologia analitica
(*pubblicato nel 1991*)

16. Pratica della psicoterapia
(*pubblicato nel 1981*)

17. Lo sviluppo della personalità
(*pubblicato nel 1991*)

18. La vita simbolica
(*pubblicato nel 1993*)

19*. Bibliografia generale di C. G. Jung
(*pubblicato nel 1998*)

19**. Indici analitici
(*pubblicato nel 2007*)

2. *Jung nella «Biblioteca Bollati Boringhieri»*

Vengono presentati in questa collana singoli temi della psicologia analitica junghiana. Ciascun volume è corredato da una cronologia della vita e delle opere di C. G. Jung. Sono usciti i seguenti volumi:

1902	I fenomeni occulti
1902-05	Un caso di stupore isterico e altri scritti
1903-04	Simulazione di malattia mentale
1909-13	L'analisi dei sogni e altri scritti
1909-61	La psiche infantile
1914	Questioni di psicoterapia
1916-48	La psicologia del sogno
1917-43	Su Freud

1919-59	La schizofrenia e altri scritti
1921	Tipi psicologici: descrizione generale
1921	Dizionario di psicologia analitica
1922-50	Psicologia e poesia
1926/1946	Psicologia analitica ed educazione
1928	Energetica psichica
1934-50	Anima e morte e Sul rinascere
1934-54	Gli archetipi dell'inconscio collettivo
1938/1954	L'archetipo della Madre
1939-61	La vita simbolica
1940-41	Il Fanciullo e la Core: due archetipi
1943-61	Bene e male nella psicologia analitica
1952	La sincronicità
1952	Risposta a Giobbe
1957	Presente e futuro

3. *«Corpus junghiano»*

Per chi intenda procedere a un primo studio generale del pensiero di Jung, viene pubblicata nella «Universale scientifica Boringhieri» (USB, continuata nella UBB, «Universale Bollati Boringhieri») una scelta dei suoi scritti più significativi. Sono usciti i seguenti volumi:

PSICOLOGIA E PATOLOGIA DEI COSIDDETTI FENOMENI OCCULTI E ALTRI SCRITTI (UBB, N. 116):
- Psicologia e patologia dei cosiddetti fenomeni occulti (1902)
- Caso di stupore isterico in una detenuta in carcere preventivo (1902)
- Simulazione di malattia mentale (1903)
- Paralessia isterica (1904)
- Perizia medica su un caso di simulazione di malattia mentale (1904)
- Criptomnesia (1905)
- Superperizia su due perizie psichiatriche contraddittorie (1906)

IL PROBLEMA DELLA MALATTIA MENTALE (UBB, NN. 117/118):
- Psicologia della dementia praecox (1907)
- Il contenuto della psicosi (1908/1914)
- Importanza dell'inconscio in psicopatologia (1914)
- Il problema della psicogenesi nella malattia mentale (1919)
- Psicogenesi della schizofrenia (1939)
- Nuove considerazioni sulla schizofrenia (1957/1959)

IL CONTRASTO TRA FREUD E JUNG (UBB, N. 126):
- La teoria freudiana dell'isteria (1908)
- Saggio di esposizione della teoria psicoanalitica (1913)
- Aspetti generali della psicoanalisi (1913)
- Sulla psicoanalisi (1916)
- Il contrasto tra Freud e Jung (1929)
- Prefazione a W. M. Kranefeldt, «La psicoanalisi» (1930)
- Sigmund Freud come fenomeno storico-culturale (1932)
- Sigmund Freud: necrologio (1939)

PSICOLOGIA DELL'INCONSCIO (edizione definitiva 1943) (UBB, N. 28)

TIPI PSICOLOGICI (1921) (UBB, NN. 131/132)

L'IO E L'INCONSCIO (edizione definitiva 1928) (UBB, N. 21)

LA SAGGEZZA ORIENTALE (UBB, NN. 236/237):
Viaggio in India
Commento psicologico al «Bardo Thödol» (Il libro tibetano dei morti) (1935/1953)
Lo yoga e l'Occidente (1936)
Il mondo sognante dell'India (1939)
Quel che l'India può insegnarci (1939)
Commento psicologico al «Libro tibetano della grande liberazione» (1939, pubblicato nel 1954)
Prefazione a D. T. Suzuki, «La grande liberazione.
Introduzione al buddhismo zen» (1939)
Psicologia della meditazione orientale (1943)
Santi indiani. Prefazione a H. Zimmer, «La via del Sé» (1944)
Prefazione a «I Ching» (1948, pubblicato nel 1950)
Su K. E. Neumann, «I discorsi di Gautama Buddha» (1955)

LA DIMENSIONE PSICHICA: antologia a cura di Luigi Aurigemma (UBB, NN. 83/84):
Wotan (1936)
Psicoterapia e concezione del mondo (1943)
L'essenza dei sogni (1948)
Psicologia e poesia (1950)
La struttura della psiche (da «Aion», 1951)
Gli archetipi dell'inconscio collettivo (1954)
Riflessioni teoriche sull'essenza della psiche (1954)
La funzione trascendente (1958)
La schizofrenia (1958)
La coscienza dal punto di vista psicologico (1958)

PROLEGOMENI ALLO STUDIO SCIENTIFICO DELLA MITOLOGIA (in collaborazione con Károly Kerényi) (UBB, NN. 199/200). Contiene, di Jung:
Psicologia dell'archetipo del Fanciullo (1940)
Aspetto psicologico della figura di Kore (1941)